A MENTE CRIMINOSA

O Direito Penal e a Neurobiologia da Violência

Conselho Editorial
André Luís Callegari
Carlos Alberto Molinaro
César Landa Arroyo
Daniel Francisco Mitidiero
Darci Guimarães Ribeiro
Draiton Gonzaga de Souza
Elaine Harzheim Macedo
Eugênio Facchini Neto
Gabrielle Bezerra Sales Sarlet
Giovani Agostini Saavedra
Ingo Wolfgang Sarlet
José Antonio Montilla Martos
Jose Luiz Bolzan de Morais
José Maria Porras Ramirez
José Maria Rosa Tesheiner
Leandro Paulsen
Lenio Luiz Streck
Miguel Àngel Presno Linera
Paulo Antônio Caliendo Velloso da Silveira
Paulo Mota Pinto

Dados Internacionais de Catalogação na Publicação (CIP)

P584m Piazzeta, Naele Ochoa.
 A mente criminosa : o direito penal e a neurobiologia da violência / Naele Ochoa Piazzeta. – 2. tir. Porto Alegre : Livraria do Advogado, 2020.
 164 p. ; 23 cm.
 Inclui bibliografia.
 ISBN 978-85-9590-007-3

 1. Direito penal - Neurociências. 2.Violência. 3. Neuropsicologia forense. I. Título.

CDU 343.95
CDD 614.15

Índice para catálogo sistemático:
1. Direito penal : Neurociências   343.95

(Bibliotecária responsável: Sabrina Leal Araujo – CRB 10/1507)

Naele Ochoa Piazzeta

A MENTE CRIMINOSA
O Direito Penal e a Neurobiologia da Violência

Segunda tiragem

livraria
DO ADVOGADO
editora

Porto Alegre, 2020

© Naele Ochoa Piazzeta, 2020

Capa, projeto gráfico e diagramação
Livraria do Advogado Editora

Revisão
Rosane Marques Borba

Imagem da capa
janulla
<thinkstock.com>
Número de item: 153522182 Coleção: IStock

Direitos desta edição reservados por
Livraria do Advogado Editora
Rua Riachuelo, 1334 s/105
90010-273 Porto Alegre RS
Fone: (51) 3225-3311
editora@doadvogado.com.br
www.doadvogado.com.br

Impresso no Brasil / Printed in Brazil

Para Adilson e Maria, meus pais. O início.
Vinicius e Rodrigo, meus filhos. Sempre.
Marcelo, meu companheiro. O compartilhamento.
E Gabriel, Rafael e Lucas, a continuação de uma história.

Tinha vantagens não saber do inconsciente, vinha tudo de fora, maus pensamentos, tentações, desejos.

Contudo, ficar sabendo foi melhor, estou mais densa, tenho âncora, paro em pé por mais tempo.

Como um pato que sabe nadar sem saber, sei que, se for preciso, na hora H nado com desenvoltura.

Guardo sabedorias no almoxarifado.

Adélia Prado.

Prefácio

1. O texto que Naele Ochoa Piazzeta escreveu é límpido, trata com clareza e elegância temas complexos, sua leitura flui como se fora o romance da história de uma faceta do crime e da mente humana.

2. Sua primeira virtude está em resgatar o nome de Lombroso e mostrar a importância dos seus trabalhos, o primeiro de rigor científico na seara da criminologia, criticável em muitos aspectos (que a doutrina posterior não cessou de desqualificar), mas resultado de uma preocupação inquieta para descobrir a verdade. O grande mérito de Lombroso, escreveu Luiz Ângelo Dourado,[1] "[...] fundamentou-se em ter chamado a atenção para a necessidade de se estudar o delinquente à luz de numerosas observações, documentos e fatos completamente desconhecidos na época".

3. A autora volta-se para o inconsciente e analisa a contribuição de Freud, com base em seus escritos sobre totem e tabu. Explicou: "Com a proposta de uma releitura de autores do final do século passado e começo do século atual sob um olhar contemporâneo, não se pode deixar de referir que, mesmo Freud sendo o início e não o fim do estudo do inconsciente, sua obra nada perdeu em valor e adequação aos dias atuais. Basta um rápido manuseio pelos Códigos Civil e Penal em vigor para constatar a incidência do totem e do tabu em nossa moral e costumes, quanto em nossas leis codificadas".

De especial interesse para os operadores do Direito é a descrição do estudo de Freud sobre a instrução judicial e a psicanálise, a colheita da prova oral e o que chamou de "exercícios de simulação", quando uma palavra é proposta ao réu (ex. chave), que responde com outra (mestra), resultando uma palavra composta, que permite ao juiz compreender o complexo que influencia o interrogando.

---
[1] DOURADO, Luiz Ângelo. *Raízes Neuróticas do Crime*. Rio de Janeiro: Zahar, 1965. p. 14.

Para a compreensão do pensamento de Freud, o texto contém a descrição das estruturas psíquicas da personalidade e ingressa no estudo de Lacan, para concluir, diante de todas as lições, "quão difícil e delicada a tarefa de defender ou julgar".

4. O segundo capítulo é reservado ao estudo do "mistério do cérebro humano", com detalhes do sistema nervoso e suas funções. É aceita a tese de que há relação entre as perturbações neuronais pré-frontais específicas e a manifestação de comportamentos agressivos. Estuda-se o mapeamento dos genes humanos e os efeitos que daí derivam para o conhecimento do comportamento, pois os "[...]fatores genéticos e biológicos interagem com fatores sociais para predispor o homem à violência".

5. Dedica-se a autora aos fatores ambientais, que contribuem para as perturbações no cérebro e para o processamento biológico. Entre eles, destaca a família. Penso eu que a realidade das periferias de nossas cidades, onde é comum a desestruturação familiar, a falta da presença da mãe ou do pai, a escassez de recursos para atendimentos básicos de alimentação, saúde e higiene, a falta de educação adequada, a ausência do Estado, a falta de perspectivas de um futuro minimamente satisfatório, tudo isso deve atuar negativamente sobre a pessoa e favorecer o encaminhamento dos nossos jovens para o crime, cuja educação as masmorras completam. Esse caldo hostil de cultura, acredito, propicia e incentiva comportamentos antissociais. Nem todos os delinquentes saem desse meio, nem todos os que nele estão se desviam para o crime, mas as condições das periferias de nossas cidades explicam a maioria dos furtos, dos roubos, dos latrocínios, do tráfico de drogas, que estão destruindo a socialidade da vida urbana.

6. O homicida serial seria portador de um sistema cerebral de atuação diferenciada, diversamente do que acontece com o homicida eventual. A classificação de crime habitual, habitualidade criminosa, crime continuado e concurso material (conceitos normativos) auxilia no entendimento das condutas criminosas reiteradas, sendo que cada figura tem tratamento penal próprio. Há o relato de vários casos que ficaram famosos.

7. Embora a proximidade que se estabelece entre o Direito e a Neurociência, é diferente a atuação e a finalidade buscada pelo terapeuta e pelo juiz. Para este, disse Freud, o que importa na investigação é a aquisição de uma convicção objetiva, "[...] enquanto na terapia se requer que o próprio doente chegue a essa conclusão (cura)". A diferença transparece claramente na colheita da prova

judicial, quer dizer, para o conhecimento da realidade, o juiz está necessariamente limitado pelos mecanismos legais de produção de prova, o que não constrange o terapeuta.

8. Porém, o dogmatismo do Direito Penal não impede sua inserção em um sistema jurídico aberto, colhendo informações e ensinamentos da interdisciplinaridade existente entre os diversos ramos do conhecimento humano. A aproximação entre o Direito e a Neurociência é o objetivo perseguido no livro ora publicado.

9. Em razão dessa multiplicidade de informações, surgiram teorias que procuram explicar o homem delinquente: (a) teorias bioantropológicas (há tipos de pessoas predispostas para o crime); (b) teorias psicodinâmicas (a disposição não é congênita, mas decorre do insucesso dos processos de aprendizagem e socialização); (c) teorias psicossociológicas (acentuamos elementos sociais e situacionais sobre a personalidade).[2]

10. O terceiro capítulo é sede para o enfrentamento do tema principal do trabalho: o direito penal e a neurociência. Definido o crime como fato típico, antijurídico e culpável, passa-se ao exame da problemática do livre-arbítrio,[3] elemento da culpabilidade. A autora refuta a tese de que nossas decisões são predeterminadas de maneira absolutamente causal por meio de processos neurológicos, sem espaço para o livre-arbítrio. Mas não descarta a importância das descobertas da neurociência, da qual o direito penal "[...] deverá retirar a melhor compreensão de como os sistemas e a bioquímica cerebrais de cada transgressor devem ser entendidas: a psicanálise também deverá vir em auxílio do direito".

11. Ainda nessa parte, é examinada a posição da culpabilidade na estrutura do delito, especialmente em razão da teoria finalista da ação, que deslocou a culpa e o dolo para a ação, mantendo na culpabilidade o juízo de reprovação.

12. Superadas as questões relacionadas com a teoria do delito, a autora tratou da consequência da condenação: versou sobre a história da pena e aprofundou o estudo das circunstâncias judiciais, aquelas que o juiz deverá sempre considerar para a definição da pena-base, previstas no art. 59 do Código Penal.

---

[2] DIAS, Jorge Figueiredo; ANDRADE, Manuel da Costa. *Criminologia*: o homem delinquente e a sociedade criminógena. Coimbra: Coimbra Ed., 1992. p. 165.

[3] "O homem livre é aquele que pode interferir no processo dos impulsos, impondo-lhe um sentido." REALE JÚNIOR, Miguel. *Instituições de direito penal*: parte geral. Rio de Janeiro: Forense, 2013. p. 187.

13. Por fim, no último capítulo (4), discorre sobre a paixão e os crimes que ela pode provocar. O direito penal reconhece o fenômeno e lhe dá efeitos, mas não o conceitua, embora o art. 28 do Código Penal afirme que a emoção e a paixão não excluem a culpabilidade. Para seu estudo, a autora retorna aos trabalhos de Freud e de Melanie Klein, e aproxima o amor, o ciúme e o ódio. São muitos os exemplos dos chamados crimes passionais, alguns deles descritos (Doca Street e Ângela Diniz; Dorinha Duval e Paulo Sergio Alcântara; Sandra Gomide e Antonio Pimenta Neves). Conclusão: "[...] a Psiquiatria, e mais precisamente a Psiquiatria Forense, longe estão da resposta definitiva sobre o que leva o indivíduo a tornar-se homicida, mas lança, a cada dia, um olhar mais aprofundado e longínquo sobre a alma humana".

14. A principal questão posta no trabalho gira em torno da importância e da influência, para a compreensão do crime, dos estudos da neurociência. Lembro, inicialmente, que toda a reflexão criminológica assenta em infraestruturas ideológicas mais ou menos conscientes.[4]

No ponto que nos interessa, dois caminhos se abrem: de um lado, os que fundamentam o direito penal no conceito normativo de culpabilidade, a partir do livre-arbítrio; de outro, as descobertas da neurociência.

Segundo a doutrina predominante no Brasil, a culpabilidade é explicada por um conceito funcional, "[...] é uma instituição social determinada de acordo com as necessidades de prevenção geral positiva, sendo, portanto, irrelevante saber se todos os indivíduos estão ou não predeterminados em seus comportamentos, posto que estes – independentemente de seus processos neuronais ou outros fatores – não têm o condão de alterar as necessidades de controle social que a teoria da culpabilidade visa a suprir".[5] Francisco de Assis Toledo, o penalista que redigiu a reforma de 1984, da Parte Geral do Código Penal (Lei 7.209, de 11 de julho de 1984), asseverou que "[...] seria uma pura perda de tempo (mais que isso, arbitrário) tentar apontar, na 'história experimental total' do indivíduo, que se entende vergado por toda uma série de fatores genéticos e ambientais, algo que se lhe pudesse censurar a título de culpa. Com isso,

---

[4] DIAS, Jorge Figueiredo; ANDRADE, Manuel da Costa. *Criminologia*: o homem delinquente e a sociedade criminógena. Coimbra: Coimbra Ed., 1992. p. 4.
[5] GORGA, Maria Luiza; MARCHIONI, Guilherme Lobo. Liberdade de vontade, neurociência e culpabilidade. *Revista Brasileira de Ciências Criminais*, São Paulo, v. 23, n. 114, p. 99-129, maio/jun. 2015. p. 99.

retornamos ao conceito de culpa do fato, esta sim, a nosso ver, a única capaz de fundamentar, no atual estágio de nossa cultura, um direito penal da culpa".[6]

O muito ilustre Winfried Hassemer, filósofo, penalista, que foi vice-presidente da Corte Constitucional, que mais de uma vez lecionou em Porto Alegre, disse que "[...] do campo das neurociências vem um canto das sereias", a que resistiu. Para ele, à estrutura da Ciência Penal pertence a concepção fundamental de responsabilidade, pilar da cultura europeia, fundada na personalidade e na dignidade humana. "A imputação objetiva fundamenta a conexão entre comportamento humano e evento [...]. Sem a categoria da imputação objetiva faltaria ao nosso mundo uma orientação basilar [...]. A imputação subjetiva funda a relação entre evento e responsabilidade da pessoa que causou o evento, pelo evento [...]. Ela indaga sobre se uma pessoa teve ou não culpa para aquele evento causado por si e trata da questão sobre se a pessoa deve ser tida como responsável pelo evento ou se ela não foi culpada por ele, pois não pode fazer nada a respeito [...]. Quem – seja por qual motivo – nega que a pessoa possa ser responsável por aquilo que ela faz retira uma pedra angular não apenas de nossa ordem jurídica, senão também de nosso mundo [...]. Isso porque responsabilidade e imputação não repousam em conhecimentos humano-biológicos, mas em razões sociais".[7]

A autora aceita os princípios que orientam a dogmática penal no Brasil, mas tem o mérito de acentuar a importância dos avanços da neurociência e da complementariedade que oferece para a compreensão do fato do crime e do seu autor.

15. Uma observação de ordem pessoal. Depois de atuar como promotor, juiz e professor, depois de lecionar muitos anos Direito Penal, decidi estudar o Direito das Obrigações, movido pela curiosidade de encontrar num outro ramo do Direito a mesma dificuldade que sofria no estudo da Teoria do Crime. Passado algum tempo, convenci-me de que esse tema penal é mais difícil para o operador do direito. Isso por uma razão principal: as relações obrigacionais são lineares, muitas vezes documentadas e facilmente provadas e conhecidas, seus efeitos são meramente patrimoniais; no crime, as características pessoais de cada um envolvido no fato, autor e

---

[6] TOLEDO, Francisco de Assis. *Princípios Básicos de Direito Penal*. São Paulo: Saraiva, 2010. p. 250.
[7] HASSEMER, Winfried. Neurociência e culpabilidade em direito penal. *Revista Brasileira de Criminologia*, São Paulo, v. 100, p. 211-225, jan./fev. 2013. p. 211.

vítima, têm *nuances* e variedade que impossibilitam a aceitação de uma teoria para explicá-las e avaliá-las. Tudo é tênue e esgarçado, não há critério seguro sobre a relação causal (qual a verdadeira teoria da causalidade?), a teoria finalista da ação (aceita no Código) nem sempre tem seus pressupostos presentes no fato, o juízo sobre a culpabilidade é extremamente subjetivo, cuida-se de pessoas (não de coisas), e tudo isso faz do trabalho do defensor, do acusador e do juiz uma sofrida angústia em busca da justiça.

16. Estou honrado por ter acesso aos originais desse excelente trabalho, escrito por Mestre em Direito, com 15 anos de magistério e diversos livros publicados, hoje ocupando com competência uma das cátedras do Tribunal de Justiça do Estado do Rio Grande do Sul. É bom saber que na jurisdição criminal do TJ está uma juíza com tal formação acadêmica e com admirável visão humanista, preocupada em bem avaliar e conhecer a pessoa humana que está refletida no processo sob seu julgamento.

Porto Alegre, junho de 2017.

Ruy Rosado de Aguiar Júnior

Sumário

Introdução – justificativa de uma mente inquieta......................17

1. O cérebro humano e sua repercussão no comportamento criminoso............23
    1.1. Criminologia e psicanálise em debate: um duelo de gigantes..................23
    1.2. Lombroso e o homem delinquente......................24
    1.3. A visão freudiana da estrutura social primitiva e uma análise do inconsciente...................31
        1.3.1. Totem e Tabu......................31
        1.3.2. Encontros e desencontros entre a psicanálise e a instrução judicial..38
        1.3.3. As estruturas psíquicas da personalidade....................45

2. Ser quem somos – o mistério do cérebro humano......................55
    2.1. Uma janela para o cérebro......................55
    2.2. O córtex pré-frontal e sua intrigante complexidade....................59
    2.3. Os genes humanos e a biologia cerebral......................68
    2.4. O papel da família na criminalidade......................75
    2.5. Comportamento antissocial, agressividade e violência e sua ligação com o córtex pré-frontal......................78

3. O Direito Penal e a neurociência......................93
    3.1. A estrutura do delito......................93
    3.2. A problemática do livre-arbítrio......................95
    3.3. A posição da culpabilidade na estrutura do delito......................104
    3.4. A história evolutiva da pena e as circunstâncias judiciais do artigo 59 do Código Penal......................111

4. Os crimes da paixão......................129
    4.1. A origem e o desencadear da paixão......................129
    4.2. Paixão e inimputabilidade – uma polêmica......................137
    4.3. Os crimes passionais, os sistemas e a bioquímica cerebral....................151

Bibliografia......................161

Introdução – justificativa de uma mente inquieta

> Quando era menina a verdade estava nos livros:
> ali moravam as respostas e nasciam os nomes.
> Quanto mais procurei mais me enredei entre as linhas:
> as respostas não vinham e a verdade era lenta.
> Viver era mesmo sentir aquela fome.
>
> *Lya Luft.*

Lembro exatamente do dia em que entrei pela primeira vez no Prédio 6, Turma 469, da Pontifícia Universidade Católica do Rio Grande do Sul.

Começava, ali, a trilhar o caminho que havia escolhido: o Direito.

Mas não só. O que me movia era a paixão pelo Direito Penal. O crime, o homem criminoso,[1] a tragédia escondida dentro de cada transgressor aguçavam a minha curiosidade, e eu ansiava pelo momento em que, vencidas as matérias básicas, ingressaria no universo sombrio da alma humana que, acreditava com a ingenuidade da juventude, os professores e os livros desvendariam.

Naquela época, o Direito Penal era o ramo menos glamuroso do Direito. Para ele se direcionavam especialmente os homens, e poucos. Era um mundo subliminarmente fechado às mulheres.

---

[1] Utiliza-se a palavra *homem* para dirigir-se a ambos os gêneros, por entender que o significado englobante do masculino não é politicamente incorreto. A discriminação injusta se dá quando um dos gêneros avassala o outro, considerando-se superior. O texto perderia significado se, a cada vez que a palavra *homem delinquente* ou *homem criminoso* fosse escrita, tivesse que se colocar seu correspondente feminino ou o artigo definido *o* ou *a* para designar características meramente anatômicas do sexo masculino ou feminino. Ser homem ou ser mulher ultrapassa a existência de um pênis ou de uma vagina. É um sentir-se homem ou mulher, na identificação cerebral com o sexo anatômico.

Para que se expor a riscos? perguntavam-me. Para que receber parca ou duvidosa remuneração? Para que enfrentar noites em Delegacias de Polícia na defesa de indivíduos normalmente pobres e marginalizados?

Presídios, parlatórios, defesas minuciosamente preparadas e pouco êxito.

Não. Não era a melhor escolha para uma mulher.

Mas a vocação falou mais alto. Se tivesse que fazer da profissão que escolhi o meu ganha-pão, que o fosse segundo o meu íntimo querer, na ansiedade de aguardar cada dia com suas surpresas e desafios.

Longo caminho trilhei.

Longas noites em bancos desconfortáveis, longas esperas nos Fóruns aguardando a decisão de um juiz plantonista.

No exercício do magistério, ministrando aulas de Direito Penal, mais aprendi do que ensinei. Muitas vezes uma pergunta descompromissada de um aluno levava-me à reflexão e reavaliação de um raciocínio já consolidado.

A magistratura, por fim, só fez aguçar os contínuos questionamentos que serviram de alicerce para toda a minha carreira, obrigando-me, cada vez mais, a perseverar no longo e árduo caminho do autoconhecimento e do conhecimento do Outro.[2]

Valeu a pena. Posso afirmar que segui a profissão que queria, tive a vida que queria, e este livro é fruto de uma inquietação que me acompanha desde o fatídico dia em que cruzei a porta da faculdade de Direito.

Não tenho todas as respostas, e, sendo sincera, talvez saia deste trabalho com mais perguntas do que quando o comecei.

Mas espero que as reflexões aqui deixadas sirvam para um novo olhar sobre o homem criminoso, e auxiliem alunos, professores e aplicadores do Direito a ver com todas as células de seus corpos, com toda a compaixão de seus seres, com todo o afã de defender a sociedade e zelar por sua higidez, com toda a inteligência de suas mentes, que nada é imutável e que quase nada é o que pensamos ser.

---

[2] O sentido de escrever-se a palavra *Outro* em letra maiúscula tem por base a teoria formulada por Emmanuel Levinas em seu ensaio *Le Temps Et L'Autre*, citado por Simone de Beauvoir em sua obra *O Segundo Sexo – Fatos e Mitos*, p. 10. Para Levinas, a alteridade realiza-se no reconhecimento da existência de um diferente, de um Outro.

Um contínuo movimento, como as marés, agita o pensamento humano. E esse agitar abre fronteiras e traz lume aos recônditos escuros do desconhecimento ou do saber mal.

Ao escrever *O Segundo Sexo*, Simone de Beauvoir afirmou: a anatomia é o destino.[3]

Por mais que o contexto em que a frase lançada tenha sido outro, que não a abordagem que pretendo fazer neste livro, permanece atual como pergunta para todos os ramos do conhecimento humano.

A anatomia é o destino para a diferença com que são tratados os gêneros? A anatomia é o destino para um indivíduo que se enreda na criminalidade, seja ela serial ou eventual?

Certamente a anatomia não é um fator biológico intransponível no sentido que Beauvoir lhe atribuiu. Nascer mulher não sela o destino daquele indivíduo do sexo feminino.

Analisando a assertiva de Beauvoir, afirmei[4] que:

> [...] a categoria do Outro é tão original quanto a própria consciência. Nas mais primitivas sociedades, nas mais antigas mitologias, encontra-se sempre uma dualidade que é a do mesmo e a do Outro. A assertiva de Rodrigo da Cunha Pereira[5] no sentido de que somente a partir de uma alteridade, da existência de um diferente, de um Outro, é que se pode construir uma identidade.

A história de cada indivíduo é um destino que se cumpre, e não um caminho que se escolhe, isso se levando em conta apenas os critérios anatômicos da masculinidade ou da feminilidade.

Ao se tratar do crime, a questão é mais delicada e merece o uso da magnífica ferramenta que a Medicina nos fornece através da Neurociência.

Adrian Raine, em *A Anatomia da Violência – As Raízes Biológicas da Criminalidade*,[6] assegura que:

> [...] a biologia não é o destino. Podemos destrancar as causas do crime com um conjunto de chaves biossociais forjadas a partir de uma nova geração de pesquisas interdisciplinares e integrativas, combinadas a uma perspectiva de saúde pública.

---

[3] BEAUVOIR, Simone. *O Segundo Sexo – Fatos e Mitos*. 5. ed. Tradução de Sérgio Milliet. Rio de Janeiro: Nova Fronteira, 1980.
[4] PIAZZETA, Naele Ochoa. *O Princípio da Igualdade no Direito Penal Brasileiro – Uma Abordagem de Gênero*. Porto Alegre: Livraria do Advogado Editora, 2001, p. 60.
[5] PEREIRA, Rodrigo da Cunha. *Direito de Família – Uma abordagem Psicanalítica*. Belo Horizonte: Del Rey, 1997, p. 11.
[6] RAINE, Adrian. *A Anatomia da Violência – As Raízes Biológicas da Criminalidade*. Porto Alegre: Artes Médicas, 2015, p. 7.

Começo com Cesare Lombroso, criador da Criminologia, e Sigmund Freud, pai da Psicanálise. Por último, e não menos importante, revisito Lacan, que muito contribuiu para a ligação da ciência da mente ao Direito.

A seguir, faço uso da Neurociência, procurando trazer as linhas mestras em que se assentam a anatomia cerebral, especificamente no que se refere ao córtex cerebral, e os inúmeros hormônios que tão poderosamente atuam no cérebro, ainda que sem a pretensão de escrever um tratado médico, e sim com as palavras de um leigo incursionando em tão complexo universo.

O trabalho aqui desenvolvido não abordará as patologias mentais que conduzem à inimputabilidade do agente. O tema proposto objetiva entender a mente criminosa que leva ao cometimento eventual do crime e qual o fator, ou fatores, desencadeantes do crime passional.

Como corolário lógico, já que este trabalho encontra sua base e fundamento no Direito Penal, analiso a emoção, a paixão e a imputabilidade sob a luz da neurociência, sem esquecer que a Parte Geral do Código Penal é de 1940 e certamente não poderia ter sobrevivido sem alterações por 77 anos. Seria demais até mesmo para uma Ciência praticamente imutável. Assim, em 1984, o Estatuto Repressivo sofreu modificações em sua Parte Geral, que é onde se encontra o cerne, a alma e a teoria do crime. A pena e sua aplicação também se encaixam nesse vasto corpo teórico de prescrições e proscrições codificadas.

A doutrina, por seu turno, não será esquecida. Começo pelos grandes mestres do Direito Penal tradicional, com fortes bases no direito italiano de Carrara, Bettiol, e outros, e preconizada no Brasil por Nelson Hungria e Aníbal Bruno, que contribuíram sólida e fundamentadamente para a formação de um pensamento seguro e preciso a respeito do crime. Passo pelos chamados modernistas, como Damásio Evangelista de Jesus e Francisco de Assis Toledo, para citar apenas alguns, e chego, enfim, aos atuais doutrinadores, a exemplo de Cezar Roberto Bitencourt, que deram mais ênfase aos aspectos de qual teoria adotava o revisado Estatuto, se do fato ou do autor, se finalista ou causal, dos aspectos do concurso de agentes, do que efetivamente sobre questões filosóficas, comportamentais, sociais, orgânicas e bioquímicas que atuam sobre o sujeito do crime.

Nunca é demais relembrar a célebre e cada vez mais atual lição de Hungria[7] de que

> [...] o crime não é apenas uma abstrata noção jurídica, mas um fato do mundo sensível, e o criminoso não é um impessoal modelo de fábrica, mas um trecho flagrante da humanidade. A ciência que estuda e sistematiza o direito penal não pode se fazer cega à realidade, sob pena de degradar-se num formalismo vazio, numa platitude obsedante de mapa mural de geometria. Ao invés de librar-se aos pináculos da dogmática, tem que vir para o chão do átrio, onde ecoa o rumor das ruas, o vozeio da multidão, o estrépito da vida, o fragor do mundo, o bramir da tragédia humana.

Busco trazer uma visão do Direito Penal calcada no século XXI, em que nenhum ramo do conhecimento humano prescinde do outro, para tratar do tema ao qual dedico o estudo e o trabalho de uma vida.

---

[7] HUNGRIA, Nelson Hoffbauer. *Comentários ao Código Penal*, tomo II. Rio de Janeiro: Forense, 1949, p. 84.

1. O cérebro humano e sua repercussão no comportamento criminoso

> Brotamos de uma série interminável de gerações de assassinos, que tinham a sede de matar em seu sangue, como, talvez, nós próprios tenhamos hoje.
>
> *Freud.* 1915/1976, 335.

1.1. Criminologia e psicanálise em debate: um duelo de gigantes

Sem dúvida, de todos os órgãos que compõem o corpo humano, o cérebro é o mais complexo e misterioso.

Durante décadas, fiamo-nos de que o corpo, com coração, pulmões, intestinos, etc., era independente do cérebro, que, segundo se acreditava, era apenas a fonte da razão pura e da inteligência.

Enganamo-nos.

Tais são os mistérios e os intrincados mecanismos cerebrais que nenhum estudo sobre essa pequena quantidade de massa encefálica (1.360g) é conclusivo. Tateia-se num mundo desconhecido. Busca-se o auxílio de máquinas capazes de escaneá-lo. Corta-se-o em microscópicas fatias a fim de melhor compreendê-lo. E ainda assim se é incapaz de vencer totalmente o enigma que ele representa para a Ciência e o enigma que traz embutido dentro de cada indivíduo, tornando-o ser humano único, diferenciado e singular em suas conexões neurais e nos hormônios que circulam em seu sangue, irrigando-o com uma enxurrada de elementos bioquímicos.

Refere António Damásio[8] que é importante não perder de vista

---
[8] DAMÁSIO, António R. *O Erro de Descartes – Emoção, Razão e o Cérebro Humano.* Trad. Dora Vicente e Georgina Segurado, 2. ed. São Paulo: Companhia das Letras, 2007, p. 16.

> [...] a perspectiva de que o corpo, tal como é representado no cérebro, pode constituir o quadro de referência indispensável para os processos neurais que experimentamos como sendo a mente. O nosso próprio organismo, e não uma realidade externa absoluta, é utilizado como referência de base para as interpretações que fazemos do mundo que nos rodeia e para a construção do permanente sentido de subjetividade que é parte essencial de nossas experiências.

Em outras palavras, o corpo é o edifício, o arcabouço que integra um organismo pulsante e vivo. Sem ele, a mente de nada serviria ou talvez nunca tivesse existido.

Era tão mais fácil compreender quem somos – e quem é o Outro – quando se desconhecia o funcionamento do cérebro e as importantes descobertas que tiveram início no Projeto de Mapeamento do Genoma Humano, o que será abordado no momento oportuno.

É impossível deixar de lado as inestimáveis colaborações de Lombroso, Freud e Lacan, pela especificidade da matéria posta.

Enquanto Freud orientava seus estudos e observações clínicas para o teatro humano que se desenrolava nas engrenagens misteriosas do inconsciente, Lacan, referindo apenas à parte de sua obra que interessa ao mundo jurídico, lançava nova luz sobre as ligações entre o homem e o crime. Cesare Lombroso, por seu turno, observava, pesquisava e analisava as características físicas de seus pacientes e vasculhava seus cérebros, em autos de necropsia, em busca de alterações ou anomalias que justificassem um comportamento anormal ou criminoso.

Como referido na introdução, é a partir deles que este livro deve ser iniciado. Ao se compreender Freud e Lacan e os legados que deixaram com a psicanálise, será mais fácil, certamente, adentrar no árduo mundo da neurociência. Lombroso, sendo o primeiro criminologista da história, apontará os achados irrebatíveis de suas pesquisas e a equivocada utilização de seus descobrimentos.

Ao primeiro se atribuem os méritos e louvores do pioneirismo no estudo do inconsciente; ao último coube a difamação e o esquecimento de suas ricas contribuições sobre a mente do homem delinquente.

1.2. Lombroso e o homem delinquente

Nenhum estudante de Direito passou pela graduação sem estudar Lombroso e sem zombar de suas ideias ultrapassadas e preconceituosas. Afinal, era o que se dispunha na época. Lombroso passou a ser sinônimo de tudo o que era errado deduzir sobre o homem delinquente, ao qual atribuía, segundo o caso em que baseava suas pesquisas, o epíteto de *criminoso nato*.

Causou surpresa, ao se iniciar o estudo da neurociência, às inúmeras menções ao renomado médico e pesquisador, e com o resgate de sua reputação, credibilidade e seriedade na condução de uma teoria que, atualmente, vem ao encontro das descobertas do funcionamento do cérebro e de suas peculiaridades em determinados indivíduos.

Ceccarelli[9] é enfático ao afirmar que

> [...] a partir dos anos 50 a criminologia começa a receber contribuições de diversas correntes de pensamento. Dentre as mais importantes, destacam-se os aportes da neurologia, que resgata a noção do "criminoso nato", entendendo o crime como uma expressão de um instinto inato, acrescentado de uma anomalia genética.

Durante uma necropsia de rotina, refere Raine,[10] Lombroso observou que o cérebro de um cruel bandido da Calábria, chamado Giuseppe Villella, continha uma indentação incomum em sua base, parecida com o cerebelo, mas menor, e situado sob os dois hemisférios maiores do cérebro. Expressamente Lombroso assim definiu seu achado:

> Parece que vi, de um só relance, tão claro como uma vasta planície sob um céu ardente, o problema da natureza do criminoso, que reproduz nos tempos civilizados características não apenas de selvagens primitivos, mas de tipos ainda mais sombrios, tão antigos quanto os carnívoros.[11]

Após esse fato, com maior ênfase, Lombroso debruçou-se sobre a anatomia craniana, chegando a conclusões inovadoras para a época. Suas ideias ecoaram por toda a Europa no fim do século XIX e início do século XX, reforçadas pela teoria frenológica de Franz Gall.

A *organologia* ou *frenologia* de Franz Gall, também denominada *doutrina do crânio* ou *fisiologia do cérebro*, se calcava na empiria e na observação comparativa de asilos e prisões vienenses e de seus próprios pacientes, refletindo a ligação material entre as categorias da experiência fixadas pelas faculdades inatas e os diversos órgãos ou regiões do córtex cerebral, onde existiam módulos hipotéticos determinantes das atitudes e das tendências da natureza humana.

---

[9] CECCARELLI, Paulo Roberto. *A Psicanálise na Cena do Crime*. Rio de Janeiro: Tempo Psicanalítico, 2013, p. 401-418.

[10] RAINE, Adrian. Op. cit., p. 9.

[11] LOMBROSO, *apud* RAINE, Adrian. Op. cit., p. 10.

Para compreender a natureza humana era necessário investigar suas excepcionalidades. Estudar o homem de forma apropriada, segundo Hagner,[12] exigia conhecimento também de casos extremos, como o de gênios e de criminosos. Assim, os estudos da frenologia se voltaram para três fenômenos antropologicamente relevantes: a genialidade, a insanidade e a criminalidade.

Apontando especificamente para este último, atribui-se o termo *frenologia criminológica* ao conjunto de princípios, métodos, crenças e especulações sobre as faculdades e tendências criminosas inscritas na mente, suas relações com o cérebro e sua conformação anatômica no crânio.

Portanto, dentro dos pressupostos frenológicos, os órgãos cerebrais responsáveis por determinadas predisposições a comportamentos violentos e atitudes delituosas, excitados e exercitados constantemente, apresentariam maior desenvolvimento do que outros, e este seu maior tamanho imporia uma adaptação craniana que revelaria, em seus "galos" e protuberâncias, o caráter criminoso do indivíduo. Poder-se-ia chegar a esse diagnóstico por meio de apalpações e da leitura detalhada dos sinais externos demonstrados por um grupo de detalhes anatômicos, a que se denominava *padrão fisiológico*.[13]

Ainda para Gall, no cérebro das pessoas, encontrar-se-iam pontos específicos responsáveis por mecanismos sensório-motor e por mecanismos complexos de cognição. Assim, uma espécie de ginástica cerebral seria realizada quando cada ponto do cérebro estivesse em atividade, e seu crescimento ou atrofia seria o reflexo desse maior ou menor estímulo. Por conseguinte, o crescimento ou a atrofia imporia uma adaptação do crânio, o qual, por sua vez, refletiria a personalidade ou o perfil psicológico do indivíduo.

Se do crânio se deduz o cérebro e deste se deduz a mente, pode-se concluir pela associação entre fisicalismo e localizacionismo ou entre fisionomia e frenologia, afirmam Clarke e Jacyna.[14]

Com a predominância de alguns dados corpóreos como objeto de estudo na busca dos fundamentos e das bases da natureza humana, surgiram igualmente as conclusões que sustentaram a supre-

---

[12] HAGNER, Michel. Skulls, Brains, and Memorial Culture: On Cerebral Biographies of Scientist in the Nineteenth Century: *Science in Context*. New York, vol. 16, n° ½, 2003, p. 195-218.

[13] DUNLAP, Knigth. The Reading of Character from External Signs. *The Scientific Monthly*, New York, vol. 15, n° 2, 1922, p. 153-165.

[14] CLARKE, Edwin; JACYNA, L.S. *Nineteenth Century Origins of Neuroscientific Concepts*. Berkeley, Los Angeles e London: University of California Press, 1987, p. 233.

macia do homem branco. Afirmava Rousseau[15] que, na hierarquia biotipológica, por meio da observância da cor da pele, da forma do nariz, de protuberâncias na cabeça, tamanho do crânio (volume) e tamanho do cérebro (peso), pessoas do sexo feminino e/ou raças e etnias que não o do puro europeu poderiam ser, cientificamente, consideradas inferiores e, justamente por isso, deveriam se submeter à melhor doutrina dos dominantes inteligentes.

Embalado pela teoria frenológica, Lombroso criou sua própria teoria, tornando-se, por fim, mais conhecido que Gall e vendo suas pesquisas encontrarem maior reconhecimento e repercussão entre os cientistas da época.

Intelectual respeitado e defensor do Partido Socialista Italiano, Lombroso era veementemente contrário à punição do criminoso moral por meio da retribuição advinda da pena corporal, defendendo a sua reabilitação. Para o criminoso nato, era favorável a pena de morte, pois, segundo suas próprias palavras, este era "um demônio, um demônio de nascença, cuja natureza nenhum ensinamento consegue alterar".[16]

Lombroso fazia a distinção entre o *criminoso moral* ou *habitual*, cujas causas para o crime advinham da loucura, da ocasião, do alcoolismo ou da paixão, do *criminoso nato*, sem possibilidade de reinserção social ou reabilitação, devido a causas físicas e hereditárias.

A longa pesquisa de Lombroso deu origem à significativa obra intitulada *O Homem Criminoso*,[17] no qual discorre sobre a propensão de todos os seres vivos, racionais ou irracionais, à violência.

Afirma o pesquisador:

> Se olharmos superficialmente os fenômenos naturais, guiando-nos por critérios humanos comuns, veremos os atos que reputamos mais iníquos como os mais naturais do mundo, tão frequentes e disseminados que estão nas espécies animais e mesmo nas plantas; podemos então dizer que a natureza nos fornece o exemplo da mais implacável insensibilidade e da mais completa imoralidade.

Em sua obra recheada de referências científicas e históricas e especialmente rica na análise das íntimas características que tão tenuamente diferenciam os homens dos animais, Lombroso traça um paralelo entre as espécies que se devoram entre si, a exemplo dos

---

[15] ROUSSEAU, G.S. Para uma semiótica do nervo: a história social da linguagem em novo tom. In: BURKE, Peter; PORTER, Roy (Orgs.). *Linguagem, Indivíduo e Sociedade. A História Social da Linguagem*. São Paulo: Unesp, 1993.
[16] Referências retiradas de RAINE, Adrian. Op. cit., p. 10.
[17] LOMBROSO, Cesare. *O Homem Criminoso*. Tradução de Maria Carlota Carvalho Gomes. Rio de Janeiro: Editora Rio – Sociedade Cultural, 1983, p. 3-4.

lobos, das ratazanas campestres, dos ratos e dos girinos. Até mesmo os animais domésticos, bem alimentados e tratados, podem, em determinado momento, dilacerar e matar seu igual. A cadela, cujo instinto parece mais acessível às afeições, pode cometer o canibalismo infanticida. É comum a fêmea do crocodilo comer suas crias que não sabem nadar, bem como a inofensiva galinha deixar seu ninho acompanhada dos filhotes robustos, abandonando os fracos e aleijados.

Afirma que o canibalismo, o parricídio e o infanticídio são encontrados frequentemente na espécie animal, sendo comum os filhotes entredevorarem-se ou devorarem a própria mãe.

Reforça suas constatações referindo-se ao adestramento para a violência em animais que não a possuem naturalmente. Afirma, citando Ferri:[18]

> Em cem cachorros, cavalos ou elefantes, não são todos, mas somente um ou dois que se mostram maus, brigões, indomáveis; em cem gatos, há muito poucos que desprezam ou matam seus filhotes – não se pode negar que essa perversidade seja devida a uma tendência absolutamente pessoal e desconhecida dos outros indivíduos da mesma espécie aos quais, graças ao seu temperamento individual, o assassinato de seus semelhantes repugna tanto quanto agrada àqueles poucos.

Assim, irrefutável a argumentação de Lombroso[19] no sentido de que

> o delito e a loucura, exatamente como a veremos no homem, fundem-se de maneira inextrincável. Tal é o caso em que se vêem as tendências delituosas nascerem, seja inopinadamente após o parto, na velhice, seja desde o nascimento graças à hereditariedade, ocasionando também nos animais uma perversidade sem motivo exterior e em completo contraste com o caráter de outros indivíduos de sua espécie.

O ponto fulcral, e controverso, da teoria de Lombroso encontra-se no que denominou de Anatomia Patológica e Antopométrica do Crime. Partindo do exame dos caracteres anatômicos realizados em crânios de 383 criminosos, constatou que neles existiam lesões não encontradas nos homens sadios. As anomalias mais frequentes eram a proeminência das arcadas superciliares, anomalias dos dentes do siso, diminuição da capacidade craniana, plagiocefalia (deformidade craniana), trococefalias (má formação caracterizada pelo formato arredondado da cabeça), testa pequena e estreita, crânios franzinos, entre outras.

---

[18] LOMBROSO, Cesare, op. cit., p. 21.
[19] Idem, ibidem.

A maior proporção delas encontrava-se entre os homens criminosos estudados. Nas mulheres, essas se apresentariam em menor número e com diferentes características. Em um criminoso do sexo masculino, era possível verificar a presença de traços anatômicos inexistentes em mulheres criminosas e vice-versa. Também a natureza do delito cometido diria com as características físicas constatadas.

Não bastasse a polêmica com que o mundo científico recebeu a teoria de Lombroso, essa foi agravada pela afirmação de que existiam delinquentes natos, cujos traços característicos mais equivaliam ao do homem primitivo ou que vive no estado selvagem do que aos daqueles que se deixam levar pelo hábito ou que cedem à paixão do momento.

Menor sensibilidade à dor física, canhotismo, pequenos movimentos convulsivos ou tiques musculares, reflexos fracos ou ausentes, alterações da inervação vasomotora (ausência de rubor), testa fugidia, abundância de cabelos são algumas características apontadas por Lombroso para identificar o criminoso nato.

Em resumo, dois pontos importantes fundamentavam a teoria de Lombroso, segundo Raine:[20]

> [...] havia no cérebro uma base originária para o crime e os criminosos eram um retrocesso evolutivo para as espécies mais primitivas. Lombroso acreditava que esses indivíduos podiam ser identificados através de "estigmas atávicos" – características físicas de estágios mais primitivos da evolução humana.

Para a Criminologia, o delito, tanto pela estatística quanto pelo exame antropológico, seria um fenômeno natural e necessário como o são o nascimento, a morte, a concepção e as doenças mentais do qual é, frequentemente, uma variante. Os atos instintivamente cruéis dos animais não estariam separados, como por um abismo, daqueles atos do homem delinquente. A diferença vai diminuindo até desaparecer e se transformar na maldade brutal do criminoso.

A base científica para a aceitação dessa teoria é de difícil comprovação, tanto que, ainda citando Raine,[21] caiu em descrédito, sendo substituída por uma perspectiva sociológica para o crime, que vigora até os dias de hoje.

Recaiu sobre Lombroso a terrível pecha de sua teoria ter alimentado o movimento eugênico e influenciado diretamente a perseguição aos judeus. Tanto Hitler quanto Mussolini, adeptos de

---
[20] RAINE, Adrian. Op. cit., p. 9-11.
[21] Idem, p. 10.

ideia de uma raça pura, dela se serviram para perseguir, destituir de seus bens e condenar à morte um povo, criando formas arbitrárias de confisco e desumanas câmaras de gás.

Retorna-se a Raine[22] para enfatizar que:

> A terrível ironia disso – um fato cuidadosamente evitado em quase todas as referências a Lombroso nos textos criminológicos contemporâneos – é que o próprio Cesare era judeu.

Se as leis servem para regular a vida em sociedade e como a sociedade muda, avança, criminaliza novas condutas ou descriminaliza antigas, por defasadas, não há como sustentar a possibilidade de apenas uma causa biológica para o crime se, para a sua ocorrência, é essencial considerar-se também as causas sociológicas, uma vez que o crime não é um fato isolado, e sim um todo interligado por inúmeros elos, no qual se deve incluir a família.

A violência que atemoriza grande parte da população mundial e que se encontra em espiral ascendente não pode ser tão simplistamente justificada. Como o delito não é um ato e sim a reunião de *vários atos* que formam o *fato ilícito*, certamente mais de uma causa – ou várias concausas – deve ocorrer para que se perfectibilize.

Uma é a proposta por Lombroso. O homem delinquente muitas vezes o é em decorrência de ter nascido com propensão anatômica e psicológica à delinquência.

Para Elizabeth Roudinesco e Michel Plon,[23]

> Lombroso foi também o primeiro grande teorizador do crime a constituir uma documentação sobre a criminalidade escrita pelos condenados: diários íntimos, autobiografias, depoimentos grafites de prisioneiros e anotações em livros de biblioteca. Assim, a criminologia nascente não se contentava em classificar as taras e estigmas, porém já afirmava, como fizera Freud ao lutar contra o niilismo terapêutico, a necessidade de incluir no estudo do crime a fala do principal interessado: o próprio criminoso.

Pela precisão com que exposta, transcreve-se a conclusão de Raine[24] acerca da teoria lombrosiana:

> [...] acredito que Lombroso, apesar de ter tropeçado em seu estereótipo racial ofensivo[25] e se atrapalhado com as centenas de macabros crânios de prisioneiros que havia coletado, estava no caminho de uma verdade sublime.

---

[22] RAINE, Adrian. Op. cit., p. 10.
[23] ROUDINESCO, Elizabeth; PLON. Michel. *Dicionário de Psicanálise*. Rio de Janeiro: Jorge Zahar, 1998.
[24] Idem, p. 11.
[25] Cf. RAINE, Adrian. Op. cit., p. 10. Lombroso acreditava que o maior índice de criminalidade encontrava-se nos africanos e nos italianos do sul, em razão das características étnicas.

E nada melhor e mais sábio que o tempo. Ele acabou reconhecendo os méritos de vanguarda de Lombroso e o colocou no centro dos estudos da natureza humana, com os acertos e equívocos que marcam todo e qualquer pensamento singular.

1.3. A visão freudiana da estrutura social primitiva e uma análise do inconsciente

1.3.1. Totem e Tabu

Abrindo outra vertente de pensamento, é no inconsciente que se encontram as respostas para o que somos, quem somos e porque assim somos. Chega-se à Psicanálise.

E não há como escrever uma simples linha, expressar um singelo pensamento, fazer uma breve afirmação, sem passar, primeiro e necessariamente, por Sigmund Freud.

Segundo suas próprias palavras,[26] *a psicanálise é um procedimento médico que visa à cura de certas formas de doenças nervosas como as neuroses e as psicoses através de uma técnica psicológica.* O homem não é visto apenas pelos atos praticados que se exteriorizam no mundo material, mas sim como um conjunto de pulsões, complexos, experiências e pensamentos, muitas vezes inconscientes, frutos de vivências desconhecidas dele mesmo e escondidas ou involuntariamente esquecidas nos desvãos de sua psique.

É para o passado remoto que se deve lançar o olhar, pois nele se encontra a fonte primordial de quem se é e como se evoluiu em termos civilizatórios.

O tempo, visto como o transcorrer dos minutos, das horas, dos dias, dos anos, dos séculos, nada mais é do que uma criação ficcional. É inegável sua importância para se situarem acontecimentos, demarcarem-se descobrimentos, acompanhar-se o ir e vir de comportamentos humanos, suas progressões e retrocessos em nossos próprios usos e costumes.

Freud,[27] ao fazer uma abordagem histórica do homem que viveu na aurora da humanidade, definiu que:

---

[26] FREUD, Sigmund. O Interesse Científico da Psicanálise. In: ——. *Obras Completas de Sigmund Freud (1912-1914)*. São Paulo: Companhia das Letras, 2016, p. 18.

[27] Idem, ibidem.

> Ele é, ainda em certo sentido, nosso contemporâneo; existem homens que acreditamos ainda estar bem próximos dos primitivos, bem mais próximos do que nós, nos quais vemos, portanto, seus representantes e descendentes diretos.

Comparando tribos de diversas partes do mundo descritas pelos etnógrafos como as mais atrasadas e miseráveis, Freud traça um paralelo entre suas crenças e costumes, visando a dar sustentáculo à sua teoria de que em nós, ditos civilizados ou inseridos na Cultura,[28] mantêm-se traços de um atavismo primordial.

Cita os aborígenes da Austrália, por constituírem um povo peculiar devido ao fato de não apresentarem parentesco físico ou linguístico com os povos vizinhos. A propriedade de terras não existia, assim como a aquisição de bens. Não criavam animais domésticos, exceto o cão, alimentando-se exclusivamente da carne dos animais que abatiam ou de raízes retiradas do solo.

O mais interessante é que, mesmo desconhecendo reis ou chefes e não professando religião alguma, trataram de estabelecer metas rigorosas e severas para impedir o que consideravam a mais grave e repreensível conduta: o incesto.

Em lugar da religião, adotaram o *totemismo*, onde cada clã era nomeado segundo o seu *totem*.

Por totem, tem-se, como regra, "um animal, comestível, inofensivo ou perigoso, e mais raramente uma planta ou força da natureza (chuva, água), que tem uma relação especial com todo o clã".[29]

O totem é, primeiramente, o ancestral comum do clã, seu espírito protetor e auxiliar, que lhe envia oráculos e, sendo perigoso para os outros, não o é para seus filhos, a quem poupa e protege.

Em contrapartida, os membros de determinado clã ou totem têm por obrigação sagrada e sujeita a punição automática manter e preservar seu totem, não comer ou usufruir de qualquer modo de sua carne.

---

[28] Urge que se diferencie *natureza e Cultura*, já que as palavras representam uma oposição que é apreendida a partir de uma determinada moldura simbólica, qual seja, aquela que a própria sociedade concebe como sendo natural e cultural. O domínio da natureza poderia ser equacionado ao que é universal, portanto comum a toda a espécie. Mas é a Cultura que fornece os modelos de conduta e aí se encaixam os significados de quem somos. Referências retiradas de HEILBORN, Maria Luíza. *Gênero e Condição Feminina: Uma abordagem Antropológica*. São Paulo: Imprensa Oficial do Estado de São Paulo, 1996, p. 24.

[29] FREUD, Sigmund. Totem e Tabu. In: ——. *Obras Completas de Sigmund Freud (1912-1914)*. São Paulo: Companhia das Letras, 2016, p. 19.

A transmissão do totem dá-se originalmente pela linha matrilinear,[30] vindo a ser substituída, em alguns casos, gradualmente pela paterna, sendo que a obrigação para com o totem é o fundamento de todas as obrigações sociais e se sobrepõe à tribo e ao parentesco sanguíneo.

O interessante do totem é que ele não encontra seu fundamento num lugar, num território ou num solo. Seus membros podem morar separados uns dos outros e conviver pacificamente com os indivíduos pertencentes a outros clãs.

Como se referiu anteriormente, o totem originário nada tinha a ver com a vedação ao incesto, que surgiu, presume-se, quando a sua proibição tornou-se relevante para os membros de determinada comunidade, talvez quando as limitações ao casamento se tornaram necessárias.

Só há necessidade de uma proscrição, seja ela codificada ou oriunda dos costumes, quando a conduta interditada é objeto de desejo pelos membros de uma sociedade em época historicamente datada. Em outras palavras, era imperativa a proibição do incesto porque o interesse sexual manifestava-se entre membros de um mesmo clã. Ainda hoje, em 2017, no Estatuto Repressivo Penal,[31] encontra-se o agravamento da pena quando o crime de estupro for cometido entre parentes consanguíneos, com o que se mantém o "horror ao incesto" já preconizado por Freud.[32]

---

[30] PIAZZETA, Naele Ochoa. Op. cit., p. 40. Nos clãs, as gerações eram transmitidas pelo que se convencionou chamar de "linha matrilinear", já que os casamentos eram realizados por grupos ou desconheciam-se os pais da criança. Alguns confundem o sentido da palavra *matrilinear*, que nada mais é do que a transmissão das gerações através da mãe, com *matriarcado*, sociedade dentro da qual as mulheres seriam a parte dominante, exercendo liderança e poder normalmente atribuído ao homem.

[31] Art. 226, Código Penal: A pena é aumentada: I – [...]; II – de metade, se o agente é ascendente, padrasto ou madrasta, tio, irmão, cônjuge, companheiro, tutor, curador, preceptor ou empregador da vítima, ou por qualquer outro título tem autoridade sobre ela; [...].

[32] Lacan, comentando Totem e Tabu, refere que as duas formas mais abomináveis de crime são o incesto e o parricídio, devidamente reconhecidas e repudiadas na era primitiva e mantidas até hoje na concepção das sociedades modernas. Prossegue afirmando que nem o crime nem o criminoso são objetos que se possam conceber fora de sua referência sociológica e que toda a sociedade manifesta a relação do crime com a lei através de castigos cuja realização exige um assentimento subjetivo, no qual tanto o próprio criminoso pode ser o executor da punição que a lei dispõe como preço do crime, quer através de uma sanção prevista por um código penal composto por determinações de um processo e uma previsão estatal de reprimenda. A máxima lacaniana de que "a lei faz o pecado" continua a ser verdadeira fora da perspectiva escatológica da Graça em que São Paulo a formulou. (LACAN, Jacques. Introdução Teórica às Funções da Psicanálise em Criminologia. In: ——. *Escritos (1901-1981)*. Rio de Janeiro: Zahar, 1998, 131).

Analisando-se o Código Civil de 1916,[33] constata-se que eram impedidos de casarem-se entre si os ascendentes com os descendentes; os afins em linha reta; os irmãos, germanos ou não, e os colaterais, legítimos ou ilegítimos, até o 3º grau, inclusive; o adotado com o filho superveniente ao pai ou à mãe adotiva.

Neste momento, cabe retornar e relembrar a lição de Freud[34] ao referir que:

> [...] como o totem é hereditário, não sendo trocado com o matrimônio, vêem-se facilmente as consequências da proibição nos casos de herança matrilinear, por exemplo. Se um homem pertence a um clã que tem o totem Canguru, digamos, e se casa com uma mulher do totem Emu, então os filhos, homens e mulheres, são todos Emu. As regras do totem fazem com que seja impossível, para um filho homem desse casamento, a relação incestuosa com a mãe ou as irmãs, que são Emu, como ele.

Se a herança for patrilinear, o pai é do totem Canguru, tornando admissível a quebra dessa proibição e a realização de casamentos consanguíneos. Corolário lógico é a permissão ao incesto com as filhas, que são Emu. Tal também se aplica ao filho, autorizado a manter relações sexuais e vir a se casar com a mãe.

Depreende-se, então, que a herança materna é mais antiga que a paterna, o que leva à suposição de que as proibições do totem se dirigem, sobretudo, aos desejos incestuosos do filho.

Em conclusão, todos que descendem do mesmo totem são parentes consanguíneos, uma mesma família, e nessa família os mais remotos graus de parentesco são obstáculos absolutos à união sexual. Os laços de parentesco não advêm da consanguinidade, e sim das relações sociais.

Se o incesto era maculado pela hediondez da conduta daquele que se prevalecia de vínculos de parentesco para satisfazer sua lascívia, em igual grau de repúdio social encontrava-se o parricídio.[35] O crime contra ascendente é um dos mais atrozes cometidos pelo

---

[33] Art. 183, Código Civil: Não podem casar (arts. 207 e 209); I – os ascendentes com os descendentes, seja o parentesco legítimo ou ilegítimo, natural ou civil; II – os afins em linha reta, seja o vínculo legítimo ou ilegítimo; III – o adotante com o cônjuge do adotado e o adotado com o cônjuge do adotante (art. 376); IV – os irmãos, legítimos ou ilegítimos, germanos ou não e os colaterais, legítimos ou ilegítimos, até o terceiro grau, inclusive; V – o adotado com o filho superveniente ao pai ou à mãe adotiva (art. 376); VI – [...].

[34] FREUD, Sigmund. Totem e Tabu. In: ——. *Obras Completas de Sigmund Freud (1912-1914)*. São Paulo: Companhia das Letras, 2016, p. 24.

[35] Convém ressaltar que apesar da terminologia utilizada pela psicanálise e pelo direito como parricídio, a expressão não se afigura totalmente correta. Parricídio é o homicídio doloso do pai, da mãe ou de qualquer outro ascendente. Patricídio encontra maior precisão linguística. É o ato de matar o pai, em perfeita analogia ao homicídio da mãe, designado matricídio e o do ir-

indivíduo, numa afronta injustificável aos olhos da comunidade e da lei.

Para Freud,[36] o parricídio é, de todo modo, a fonte principal do sentimento de culpa, embora não se saiba se a única, uma vez que as investigações psicanalíticas ainda não puderam estabelecer com segurança a origem da culpa e da necessidade de expiação. Mas *"não precisa ser a única"*, sustenta o psicanalista, pois a "relação do menino com o pai é ambivalente. Além do ódio, que o leva a querer eliminar o pai, enquanto rival, normalmente há ternura por ele". As duas atitudes se fundem e se combinam na identificação com o pai, porque o menino quer estar no lugar do pai, o qual admira, e porque quer afastá-lo, tomar o seu lugar, enquanto rival no amor da mãe.

Em certo momento, ainda conforme Freud,[37] o filho compreende que a tentativa de eliminar o pai como rival pode ser punida com a castração. Não no sentido fisiológico da perda do pênis, e sim psicológica, da perda da masculinidade. Só poderá eliminar o pai ao preço da perda da condição de ser um menino, e a identificação amorosa com a mãe o levaria a enveredar pelos caminhos da feminilidade. Por medo da castração e do ingresso na feminilidade, o menino abandona o desejo de liquidar o pai e possuir a mãe. Mas, na medida em que permanece no inconsciente, esse desejo constitui a base do sentimento de culpa.

Como a psicanálise possui uma linguagem própria, desconhecida para os neófitos no assunto, esclarece-se que o extermínio ou o desejo da morte do pai dá-se no sentido figurado. O desejo é que o pai morra sem morrer; deixe de existir, existindo; abandone a mãe cedendo seu lugar ao filho não cedendo. Quando tal sentimento ultrapassa as fronteiras do psicológico, do inconsciente, veem-se os estados patológicos, e não os processos normais de desenvolvimento e maturação da criança do sexo masculino.

Nos processos normais do desenvolvimento psicológico, portanto, tais impulsos vão sendo superados a ponto de, mais tarde, a criança sequer lembrar que alguma vez os sentiu. Não superado inconscientemente o desejo de extermínio do pai, esse desejo passa

---

mão denominado fratricídio. Entretanto, acostumamo-nos a utilizar a terminologia parricídio aos casos de crimes contra a vida do próprio pai, sendo adotada, assim, no presente trabalho.

[36] FREUD, Sigmund. Dostoievski e o Parricídio. In: ——. *Obras Completas de Sigmund Freud (1926-1929)*. São Paulo: Companhia das Letras, 2016, p. 346-347.

[37] Idem, p. 347.

a ser físico, e, cedo ou tarde, eclodirão condutas agressivas contra o genitor e, em última instância, o crime contra ascendente.

A psicanálise desenvolve uma teoria a respeito do parricídio que não é levada em conta pelo Direito Penal, o qual se limita a estabelecer punição mais severa em termos sancionatórios e, no que diz com a lei civil, a exclusão da sucessão de herdeiros ou legatários que houverem sido autores, coautores ou partícipes de homicídio doloso, ou tentativa deste, contra pessoa de cuja sucessão se tratar, seu cônjuge, companheiro, ascendente ou descendente.[38]

Vencida, ainda que de forma breve, a questão do totem, é imperativo que se aborde o *tabu*, salientando que é aqui que reside o maior grau de dificuldade, pois seu significado parte em duas direções opostas. Tanto pode designar o que é "santo, consagrado" quanto "perigoso, impuro, proibido".

O duplo sentido atribuído ao conceito de tabu pode ser justificado pelo fato de que, nos primórdios da civilização, não havia uma divisão entre o considerado "sagrado" e o "impuro". Com o decorrer do tempo é que adquiriram conceitos opostos. Wundt, citado por Freud,[39] refere que o animal, o ser humano, o local onde há um tabu são demoníacos, não sagrados, e, portanto, ainda não impuros no sentido adquirido posteriormente.

Prossegue o citado autor,[40] "o tabu é o mais antigo código de leis não escritas da humanidade. Considera-se geralmente que o tabu é mais antigo que os deuses e remonta a épocas anteriores à religião".

Muitos são os objetos do tabu, desde a proteção de chefes e sacerdotes até a garantia contra a interferência em atos vitais como o nascimento, a iniciação, o casamento e a atividade sexual, para citar apenas alguns exemplos.

Os tabus são impostos também visando à proteção de bens patrimoniais de um indivíduo, como seus campos, seus utensílios, suas vestes, suas armas, etc.,[41] uma vez que as coisas que um homem usa continuamente são insuscetíveis de apropriação por outro sem que sobre ele recaia a afronta ao tabu.

---

[38] Artigo 1814 do Código Civil.
[39] FREUD, Sigmund. Totem e Tabu. In: ──. *Obras Completas de Sigmund Freud (1912-1914)*. São Paulo: Companhia das Letras, 2016, p. 51-52.
[40] Idem, p. 43.
[41] Idem, p. 29-50.

Acreditava-se que o tabu ferido vingava-se a si mesmo, sendo desnecessária a atuação do clã na punição do culpado, que viria do poder divino. Com a evolução posterior do conceito, a própria sociedade assumiu a punição do infrator. Assim, os mais remotos sistemas penais da humanidade podem remontar ao tabu.

Freud[42] pergunta por que se deve voltar o interesse para a questão do tabu e responde com a assertiva de que:

> [...] não apenas todo problema psicológico é digno de uma tentativa de solução, mas também por outros motivos. Suspeitamos que o tabu dos selvagens polinésios não se acha tão longe de nós como pensávamos inicialmente, e que as proibições morais e tradicionais a que obedecemos poderiam ser essencialmente aparentadas a esse tabu primitivo, e que o esclarecimento do tabu lançaria luz sobre a obscura origem de nosso próprio "imperativo categórico".

Com a proposta de uma releitura de autores do final do século passado e começo do século atual sob um olhar contemporâneo, não se pode deixar de referir que, mesmo Freud sendo o início e não o fim do estudo do inconsciente, sua obra nada perdeu em valor e adequação aos dias atuais. Basta um rápido manuseio dos Códigos Civil e Penal em vigor para constatar a incidência do *totem* e do *tabu* tanto em nossa moral e costumes, quanto em nossas leis codificadas.

O Código Penal traz as vedações (os tabus) ao incesto, ao parricídio, aos crimes patrimoniais, à morte de um homem por seu semelhante, ficando apenas nos exemplos mais comezinhos.

Também no Código Civil de 1916,[43] em sua redação original, constava que a mulher, com o casamento, passava a adotar o patronímico[44] do marido. Não era uma faculdade a ela atribuída, e sim uma determinação legal expressa. Levando-a para a constituição do totem, o que se vê é a prevalência do masculino sobre o feminino.

Apenas a título de argumentação e para não fugir ao debate, pode-se dizer que, em matéria de igualdade entre os gêneros, a sociedade primitiva era mais igualitária. O totem de um indivíduo, homem ou mulher, era valorizado e respeitado desde o nascimento até a morte. Nada o alterava. O pertencimento a determinado totem

---

[42] FREUD, Sigmund. Totem e Tabu. In: ——. *Obras Completas de Sigmund Freud (1912-1914)*. São Paulo: Companhia das Letras, 2016, p. 51.

[43] Art. 240 do Código Civil de 1916: A mulher assume, pelo casamento, com os apelidos do marido, a condição de sua companheira, consorte e auxiliar nos encargos da família (art. 324).

[44] Patronímico é um nome ou apelido de família (sobrenome) cuja origem encontra-se no nome do pai ou de um ascendente masculino.

era um "patrimônio" pessoal, transmitido aos filhos, se fosse o caso, mas jamais perdido ou substituído por totem diverso.

O Código Civil de 1916, alterado em 1977 pela chamada Lei do Divórcio,[45] derrubou a obrigatoriedade da adoção do patronímico do marido no casamento.

Como deixar de reconhecer que o apelido de outra família, que não a da mulher por consanguinidade, era uma supremacia do totem masculino? A mulher casada de 1916 a 1977 perdia seu totem (seu nome de família) originário e passava a pertencer ao totem do marido. Isso se explica pela adoção do patriarcado como origem da família e da propriedade privada. A mulher era parte do acervo patrimonial do homem, assim como o eram as terras, os filhos, os animais e os escravos.

Hodiernamente, ao casar-se, a mulher pode ou não incorporar o sobrenome do marido, preservando, se for sua escolha, apenas de seu patronímico, de seu totem.

A punição decorrente da violação de um tabu, de qualquer ordem, decorre de que ela representa "um perigo social que tem que ser conjurado ou expiado por todos os membros da sociedade a fim de não prejudicar a todos",[46] afirma o psicanalista. Substituindo os desejos inconscientes pelos impulsos conscientes, o perigo da imitação por parte dos demais da violação do tabu é uma possibilidade que não pode ser desprezada, sob pena de desagregação social.

A punição do transgressor seria, então, uma forma de desestimular os demais membros da comunidade a agir da mesma forma que o ofensor.

1.3.2. Encontros e desencontros entre a psicanálise e a instrução judicial

A psicanálise, mais do que revelar ao paciente as razões de seu comportamento, e consequente sofrimento, curando-o ou amenizando as dores advindas de seu inconsciente, presta-se como indispensável coadjuvante no enfrentamento de questões outras, ligadas a áreas completamente diferentes do saber humano.

---

[45] Art. 240 do Código Civil: A mulher, com o casamento, assume a condição de companheira, consorte e colaboradora do marido nos encargos de família, cumprindo-lhe velar pela direção material e moral desta. (Redação dada pela Lei nº 6.515, de 1977).

[46] FREUD, Sigmund. Totem e Tabu. In: ——. *Obras Completas de Sigmund Freud (1912-1914)*. São Paulo: Companhia das Letras, 2016, p. 63.

Tanto assim o é que, para Freud,[47]

> [...] a importância da psicanálise pode prender o interesse de outras pessoas além dos psiquiatras, desde que ela toca em várias esferas do conhecimento e revela inesperadas relações entre estas e a patologia da vida mental.

Em palestra proferida a um grupo de estudantes de Direito e posteriormente publicada sob o título *"A Instrução Judicial e a Psicanálise"*, Freud destaca a crescente percepção da não confiabilidade das declarações das testemunhas, que muitas vezes constituem a única prova a ligar o indigitado suspeito ao crime.

Disse o eminente psicanalista que, diante da dúvida tantas vezes suscitada pela palavra do réu,

> [...] aumentou nos senhores, futuros juízes e advogados, o interesse por um novo método de investigação, que pretende induzir o próprio réu a demonstrar sua culpa ou inocência mediante sinais objetivos. Esse procedimento consiste num experimento psicológico e se baseia em trabalhos psicológicos. Sei que os senhores já se empenham em testar o uso e alcance desse novo método, primeiramente em ensaios que podem ser chamados "exercícios de simulação".[48]

Os exercícios de simulação referidos por Freud consistem em uma pessoa, o advogado ou o juiz, dizer uma palavra qualquer, e o réu responder com outra, daí resultando uma palavra composta. Por exemplo: o juiz diz "chave" e o réu, "mestra". Forma-se a palavra "chave-mestra". É o que se chama "palavra estímulo". A pessoa deve acrescentar a segunda palavra, qualquer uma que lhe ocorra, sem limitação de qualquer espécie.

As "experiências de associação" mostraram-se fecundas e produtivas com Bleuler e Jung,[49] que partiram do pressuposto de que a reação à palavra-estímulo não pode ser casual, e sim, determinada por um conteúdo ideativo presente naquele que reage.

A esse conteúdo ideativo deu-se o nome de "complexo". Importante referir que essa é a primeira ocasião em que o termo aparece numa obra de Freud com esse sentido específico,[50] sem ligação com o termo quando usado ao tratar-se do "Complexo de Édipo".[51] [52]

---

[47] FREUD, Sigmund. Totem e Tabu. In: ——. *Obras Completas de Sigmund Freud (1912-1914)*. São Paulo: Companhia das Letras, 2016, p. 24.

[48] FREUD, Sigmund. A Instrução Judicial e a Psicanálise. In: ——. *Obras Completas de Sigmund Freud (1906-1909)*. São Paulo: Companhia das Letras, 2016, p. 286-299.

[49] Idem, p. 287.

[50] Segundo afirma STRATCHEY In: Idem, ibidem.

[51] Complexo de Édipo é um dos conceitos fundamentais de Freud na psicanálise. Este refere-se a uma fase no desenvolvimento infantil em que existe uma disputa entre a criança e o progenitor do mesmo sexo pelo amor do progenitor do sexo oposto.

Assim, deduz-se que por complexo se há de entender o que "influencia", o "oculto", "o idealizado". Em decorrência, pode-se retirá-lo do conceito específico das pulsões[53] sexuais e da vinculação parental, notadamente a materna, e situá-lo, modernamente, sempre que se tratar do que está no inconsciente do sujeito.

Quanto ao experimento e à palavra-estímulo, afirma Freud que não há como duvidar de que essa determinação da reação esteja correta, pois normalmente é possível indicar e compreender, por meio dela, o complexo que influencia o interrogado e, a partir dele, as reações que apresenta e que de outro modo seriam de difícil apreensão.

Sobre o experimento associativo, Freud reconhece que "nos casos até agora considerados, foi o indivíduo examinado que nos esclareceu sobre a origem das reações, e isso torna a experiência desinteressante para o procedimento judicial".[54] Para melhor atender aos objetivos do processo judicial, propõe a utilização da palavra-estímulo de forma propositual a partir de um complexo já conhecido e então observar, das reações do examinado, se ela abriga o complexo escolhido. E prossegue sustentando que assim os advogados e juízes verão que essa mudança na experiência corresponde exatamente ao caso do juiz da instrução que procura saber se determinado fato que conhece é também do conhecimento do réu.

Para que esse oculto conhecido pelo juiz seja revelado pelo inculpado, é fundamental distinguir duas espécies de delinquente: o delinquente comum, sem transtorno mental visível ou aferível pela psiquiatria forense, do criminoso que tem um transtorno mental, que, na maioria das vezes, se manifesta em histeria.

---

[52] A palavra "complexo", comumente utilizada na obra de Freud, pode ser definida num sentido muito amplo que não impede que o sujeito tenha consciência do que ele representa. Mas foi como "fator essencialmente inconsciente que ele foi inicialmente definido", na explicação de Lacan (LACAN, Jacques. Os Complexos Familiares na Formação do Indivíduo. In: ——. *Outros Escritos (1901-1981)*. Rio de Janeiro: Zahar, 2003, p. 35). Sua unidade é impressionante na forma sob a qual se revela como causas de efeitos não dirigidos pela consciência – atos falhos, sonhos e sintomas. Esses efeitos têm um caráter tão distinto e contingente que obrigam a admitir como elemento fundamental do complexo esta entidade paradoxal: uma representação inconsciente.

[53] "As pulsões são nossos mitos", esclarece Lacan comentando o conceito de pulsão referido por Freud, e não se deve entendê-la como uma remissão ao irreal, e sim que é o real que elas mitificam e transformam em mitos. Pulsão nada mais é do que aquilo que produz o desejo, reproduzindo nele a relação do sujeito com o objeto perdido (LACAN, Jacques. Do 'Trieb' de Freud. In: ——. Escritos (1901-1981). Rio de Janeiro: Zahar, 1998, p. 867).

[54] FREUD, Sigmund. A Instrução Judicial e a Psicanálise. In: ——. *Obras Completas de Sigmund Freud (1906-1909)*. São Paulo: Companhia das Letras, 2016, p. 289.

Portanto, não se pode deixar de mencionar, por suma importância, as diferenças entre o criminoso e o histérico, quando então é possível fazer uma analogia entre o trabalho do psicanalista e o do juiz. Ambos estão diante de um segredo, de algo oculto, segundo as palavras de Freud. Todavia, "no criminoso trata-se de um segredo que ele sabe e que esconde dos senhores; no histérico, de um segredo que ele próprio também desconhece, que se oculta dele próprio".[55]

E desse material psíquico reprimido, desses complexos, é que vêm os sintomas somáticos e mentais que atormentam o paciente, o que comprova que a tarefa imposta ao terapeuta e ao juiz de instrução é a mesma, ou seja, descobrir o material psíquico oculto. Tanto exige do médico um verdadeiro trabalho de detetive, o que não foge ao desenvolvido pelo julgador.

Todavia, há uma abissal diferença no desenrolar dos processos investigativos desenvolvidos pelo terapeuta e pelo juiz. O primeiro persiste na investigação, evitando novas e inócuas palavras-estímulo e mantendo o paciente ocupado com o complexo. Porque objetiva a cura, tudo na psicanálise é persistência. Já a atividade do juiz, voltada ao julgamento da causa, não comporta ocupação de tempo indefinido para que o efeito do oculto possa se desenvolver.

E é perfeitamente justificável que assim o seja. Afinal, e não apenas porque precisa julgar a causa em prazo razoável, o juiz, ao contrário do terapeuta, não conta com a boa vontade do criminoso, por quem é visto como quem está ali para puni-lo. Dele, criminoso, e que às vezes é a única pessoa em condições de esclarecer com exatidão as circunstâncias que envolveram o crime, dificilmente o juiz obterá informações confiáveis, e muito menos colaboração efetiva para fazer vir à tona o oculto. Até porque o acusado não apenas não é obrigado a se autoincriminar, como, inclusive, tem direito ao silêncio.

Portanto, diferentemente do que se passa com o terapeuta, cujo objeto de análise se circunscreve à pessoa do criminoso, com exclusividade – ou quase isso –, o juiz tem que se socorrer dos mais variados meios de prova, cuja produção em juízo, fruto de princípios constitucionais como o do devido processo legal, do contraditório e da ampla defesa, se dá a partir da observância de regras definidas, que, ao mesmo tempo em que asseguram direitos processuais, acabam criando embaraços à descoberta da verdade.

---

[55] Idem, p. 292.

E é assim que, mesmo durante a instrução processual, no processo acusatório, com partes perfeitamente definidas – acusação e defesa –, não é dado ao juiz, como que se substituindo ao órgão de acusação, se pôr indiscriminadamente na busca de elementos probatórios que possam levar à condenação do criminoso, sob pena de, assim agindo, vulnerar a imparcialidade que dele se exige.

Deste modo, a verdade com a qual lida o juiz é aquela que emerge da reconstituição limitada pela aplicação de regras jurídicas, que exige identificação e exposição das testemunhas, nem sempre dispostas a se comprometer; que rechaça as provas obtidas por meios ilícitos (mas que nem por isso deixaria de ter idoneidade para interferir no convencimento); que opera com preclusão, obstaculizando a produção de provas não requeridas no momento oportuno (não fora assim, o processo seria um nunca acabar), etc. Ainda, prevê o sistema processual provas tarifadas (prova do estado civil somente por certidão própria, o que também se exige para questões correspondentes ao registro imobiliário).

Em suma, o tipo de verdade com a qual se conforma o processo penal não afeta a psicanálise e a neurociência porque não é uma verdade científica ou psicológica, senão que representa o resultado investigativo decorrente de um procedimento regrado cujo objetivo é a resolução do conflito. E nessa proposição de resolução de conflito ingressam também mecanismos legais de direcionamento do julgamento, que a lei trata como ônus da prova, que, apontando a quem compete esta ou aquela prova, oferecem ao juiz o caminho a seguir quando se deparar com dúvidas em relação a certos fatos, hipótese em que deverá se inclinar em direção contrária à parte a quem cabia demonstrar o ponto não suficientemente esclarecido.

Segundo Dellapiane,[56] a verdade é uma coisa, e outra coisa bem diversa é a certeza; tão diversa que casos há em que, existindo esta (a certeza), inexistente, não obstante, aquela (a verdade). Daí haver certezas ilegítimas.

Para Santo Agostinho,[57]

> A verdade, na coisa, é a coisa mesma – *verum est id quod est*; a verdade no nosso espírito é uma relação, a relação de identidade, de adequação ou de acordo entre o nosso pensamento e as coisas que são objeto dele. A verdade é acordo do pensamento com o seu objeto.

---

[56] DELLAPIANE, Antonio. *Nova Teoria da Prova*. 2. ed. Rio de Janeiro: José Konfino, 1958, p. 58.
[57] AGOSTINHO, Santo. *Solilóquios e a Vida Feliz*. Tradução de Nair de Assis Oliveira. São Paulo: Paulus, 1998, p. 67.

Para a verdade necessita-se de uma perspectiva íntegra, e não uma paisagem mutilada. Sem pontos cardeais, nossos passos careceriam de orientação. Precisa-se, portanto, não só ter uma relação intelectual com o mundo, mas também um trato vital. O que permite a compreensão do mundo como tal, em sua integridade, não é apenas a soma de acontecimentos, e sim, a sua compreensão através do próprio viver, através das circunstâncias que englobam esse viver.[58]

A verdade, por ser real e não fictícia, só se mostra ao ser olhada de alguma parte. Cada visão difere necessariamente da outra, justamente por serem as duas verdadeiras. Visões distintas não se excluem, mas devem integrar-se. Nenhuma visão esgota a realidade; cada uma delas é insubstituível, segundo Ortega Y Gasset.[59]

Dessa rápida síntese da atuação judicial bem se percebe que não faz muito sentido, a esta altura, o debate sobre se o ato de julgar se funda na verdade real ou na verdade formal, o que somente se justificava ao tempo em que se tinha um processo penal de feição inquisitorial, definitivamente banido pela Constituição Federal de 1988, em que ao juiz era dado tomar mais e mais iniciativas probatórias até se convencer definitivamente sobre os fatos da causa.

De volta a Freud[60] e à psicanálise, esta assim é justificada:

> Na psicanálise, o paciente ajuda, num esforço consciente, a combater a resistência, pois espera ganhar algo do exame a que se submete: a cura. Já o criminoso não colabora com os senhores, pois estaria trabalhando contra seu próprio Eu.[61] Como que para compensar isso, o que importa em sua investigação é apenas os senhores adquirirem uma convicção objetiva, enquanto na terapia se requer que o próprio doente chegue a essa convicção.

Reconhecendo que a prática psicanalítica difere, e muito, da judicial, pelas próprias limitações que a Ciência Jurídica impõe ao juiz no Código de Processo Penal, Freud[62] acentua que

> [...] os senhores sabem que não podem surpreender o acusado de nenhuma maneira. Assim, ele terá ciência de que a questão, no experimento, é não se trair, e

---

[58] ORTEGA Y GASSET, José. *A Razão Vital e Histórica*. Porto Alegre: Livraria do Globo S.A., 1968, p. 13-14.

[59] Idem, ibidem.

[60] FREUD, Sigmund. A Instrução judicial e a Psicanálise. In: ——. *Obras Completas de Sigmund Freud (1906-1909)*. São Paulo: Companhia das Letras, 2016, p. 296.

[61] A leitura que se faz da palavra "Eu" encontrada no texto, vem ao encontro do acerto da designação de Eu como referência ao ego. Com a terminologia do id, Eu e super-Eu, depreende-se que Freud refere-se ao ego quando diz que "o criminoso estaria trabalhando contra o seu próprio 'Eu'".

[62] Idem, p. 298.

cabe então perguntar se podemos esperar as mesmas reações quando a atenção está dirigida para o complexo e quando se acha afastada, e até onde a intenção de ocultar pode afetar o modo de reação em pessoas diferentes.

Mais uma vez se está diante da procedência da assertiva de Freud. Os princípios da ampla defesa e do contraditório, consagrados na Constituição Federal, exigem que o réu tenha exato conhecimento da acusação que lhe é dirigida, sobre a qual haverão de se centrar os esforços probatórios. E a sentença, por igual, haverá de guardar também exata correlação com a imputação da denúncia, mas correlação em relação aos fatos que ela descreve, dos quais – e não de artigos de lei – se defende o réu.

Exatamente por isso, pela preponderância da descrição fática da denúncia em relação à simples classificação penal que ela ofereça, é que ao juiz é dado, considerando que essa descrição corresponda e abranja as elementares de crime diverso, condenar o réu por esse crime diverso, em relação ao que, considerando, repita-se, que se defende dos fatos descritos, não poderá o réu alegar surpresa. Tem-se aí a chamada *emendatio libelli*, prevista no artigo 383 do Código de Processo Penal.[63]

Outra é a hipótese de nova definição jurídica em consequência de prova nos autos de elemento ou circunstância da infração penal não contida na denúncia, a *mutatio libelli*, cuja consideração exige providência prévia do órgão de acusação, mediante aditamento da denúncia, com reabertura de oportunidades para produção de provas (artigo 384 do Código de Processo Penal[64]), assim se garantindo o devido contraditório.

Neste passo, importa destacar que as vedações encartadas no Código Processual Penal dizem apenas com o que poderia implicar quebra da correlação entre a imputação e a sentença, de tal sorte que não interferem no conhecimento e consideração de fatos novos

---

[63] Art. 383 do Código de Processo Penal: O juiz, sem modificar a descrição do fato contida na denúncia ou queixa, poderá atribuir-lhe definição jurídica diversa, ainda que, em consequência, tenha de aplicar pena mais grave. (Redação dada pela Lei nº 11.719, de 2008). § 1º Se, em consequência de definição jurídica diversa, houver possibilidade de proposta de suspensão condicional do processo, o juiz procederá de acordo com o disposto na lei. (Incluído pela Lei nº 11.719, de 2008). § 2º Tratando-se de infração da competência de outro juízo, a este serão encaminhados os autos. (Incluído pela Lei nº 11.719, de 2008).

[64] Art. 384 do Código de Processo Penal: Encerrada a instrução probatória, se entender cabível nova definição jurídica do fato, em consequência de prova existente nos autos de elemento ou circunstância da infração penal não contida na acusação, o Ministério Público deverá aditar a denúncia ou queixa, no prazo de 5 (cinco) dias, se em virtude desta houver sido instaurado o processo em crime de ação pública, reduzindo-se a termo o aditamento, quando feito oralmente. (Redação dada pela Lei nº 11.719, de 2008). § 1º Não procedendo o órgão do Ministério Público ao aditamento, aplica-se o art. 28 deste Código. (Incluído pela Lei nº 11.719, de 2008).

que costumam surgir em meio à instrução da causa judicial e que não tenham aptidão para produzir sentença com alteração formal ou substancialmente diversa da proposta contida na denúncia.

Esses fatos novos, que não correspondem às circunstâncias ou elementares do crime denunciado ou de qualquer outro, são o que se poderia designar como "fatos simples", cuja função se restringe a encaminhar a elucidação do fato ao qual se emprestou o significado jurídico justificador da imputação oferecida em juízo. São os indícios que, se provados, orientam a descoberta do que se busca.

Clássico é o exemplo do indivíduo a quem se atribui o cometimento de um incêndio da residência de um vizinho, seu desafeto. Sendo essa a descrição da denúncia, obviamente que interessa à investigação probatória, conquanto sobre isso não tenha tratado a acusação, ouvir-se testemunha que, nada tendo presenciado sobre a ação objetivamente atribuída ao réu (atear fogo no imóvel), o viu comprando material inflamável no dia imediatamente anterior ao incêndio.

Daí o acerto de Freud na palestra a estudantes de Direito de Viena. O fato atribuído ao acusado deve ser de seu total conhecimento, e ele, então, no intuito de proteger-se e ocultar a verdade do julgador, empreenderá todos os esforços para afirmar e provar sua inocência, mentindo ou tentando conduzir o juiz a caminhos outros que possam levar, inclusive, à atribuição a outrem o cometimento do crime.

1.3.3. As estruturas psíquicas da personalidade

Analisada a correspondência entre a instrução judicial e a psicanálise, e sua significância para os operadores do Direito, convém não esquecer que o crime representa a emergência de pulsões inconscientes aos processos de consciência. Assim, a origem da criminalidade, dos impulsos desviantes ou do comportamento antissocial pode residir na ausência de conflitos entre o *superego* e o *id*, podendo acarretar comportamentos impulsivos regulados pela busca do prazer e o bem-estar imediatos.

Para Freud, a teoria da personalidade encontra sua base de apoio em três estruturas psíquicas: o *id*, o *ego* e o *superego*.

Esses termos, amplamente difundidos e conhecidos tanto pelos psicanalistas quanto pelos leigos, não são passíveis de aceitação sem questionamentos.

Na tradução da obra de Freud, realizada por Paulo César Lima de Souza e publicada pela Editora Companhia das Letras em 2016, especificamente no 16º volume, já se constata do título – *"O Eu e o Id"*, e não o *"Ego e o Id"*.

Certamente não poderia deixar de causar surpresa, pois, quando da obra publicada em 2001,[65] a bibliografia que se utilizou apontava sempre na esteira da nominação usual das expressões designativas das estruturas do psiquismo humano.

Todavia, ao ler o esclarecimento do tradutor[66] para o abandono dos termos *ego* e *superego* por *Eu* e *super-Eu*, compreende-se a pertinência da tradução do alemão original para o português. Transcreve-se literalmente:

> Über-ich, no original. O Vocabulário da Psicanálise, na sua 11ª edição brasileira (Martins Fontes, 1991), apresenta super-Eu como alternativa para superego. A forma com hífen (e com maiúscula) nos parece melhor, porque mantém em destaque o Eu, como no original. Quanto à alternativa super-Eu/superego, há argumentos a favor de ambas as formas. Super-Eu tem a vantagem da relação com Eu, que achamos preferível a ego, mas talvez ainda soe estranha, ao passo que superego está difundido, tem o peso da "tradição" criada pela Standard brasileira, que o tomou da Standard inglesa.

Ao manter a forma original cunhada por Freud de super-Eu, o tradutor a justifica como a expressão que melhor representa, linguisticamente, a intenção do psicanalista. O prefixo "super" é utilizado na acepção de "em cima de", como em superpor, e não como sinônimo de abundância ou excesso, como em superfaturar ou superproteção.

Comparando as duas traduções, a leitura que se mostra mais adequada por remeter imediatamente ao sentido que as palavras adquirem no texto e do esclarecimento de como as três camadas estruturantes do psiquismo podem e devem ser compreendidas, conclui-se que *id*, *Eu* e *super-Eu* são as mais compatíveis e de melhor apreensão de tão abrangente conteúdo. Todavia, como este trabalho visa a um público essencialmente leigo em psicanálise, utilizam-se das expressões usualmente aceitas.[67]

---

[65] PIAZZETA, Naele Ochoa. Op. cit..
[66] FREUD, Sigmund. O Eu e o Id. In: ——. *Obras Completas de Sigmund Freud (1923-1925)*. São Paulo: Companhia das Letras, 2016.
[67] PAIVA, Maria Lucia de Souza Campos. *Recalque e Repressão: uma discussão teórica ilustrada por um filme*. São Paulo: Estudos Interdisciplinares em Psicologia, 2011, p. 229-241. As primeiras traduções para o português da obra freudiana acabaram apresentando problemas, pois não foram feitas diretamente do alemão. Mais de cem anos depois do início da psicanálise,

O *Id* equivale ao inconsciente e é uma instância caracterizada pelas paixões e pelo princípio do prazer. Engloba toda a dimensão pulsional, o polo pulsional da personalidade, o reservatório da libido e das pulsões da vida e da morte, abarcando conteúdos inconscientes de origem hereditária e inata, e também a origem adquirida e recalcada.[68] [69]

O *ego*, por seu turno, tem sua origem no sistema perceptivo e é uma parte do *id* que foi diretamente modificada pelo mundo externo e pelo sistema perceptivo-consciente, e tenta influenciar o *id* e as suas tendências do mundo externo, da percepção, da razão e do bom-senso, substituindo o princípio do prazer pelo princípio da realidade.[70]

No nascimento e durante os primeiros meses de vida do indivíduo existe apenas a atuação do id. A criança de tenra idade não é socialmente civilizada ou dessexualizada. O sentido do erótico e do prazer proporcionado pelo toque corporal desencadeia naquele ser em formação uma intensa sensação de bem-estar. Age em busca única e exclusiva da satisfação imediata de suas necessidades. É autocentrada, egoísta, agressiva e dominadora. Com o avanço de seu crescimento e consequente maturação psíquica, auxiliados pelo discurso familiar de controle, domínio das emoções, recompensas e punições, começa a desenvolver o sentido do Eu, do ego, reconhecidamente fraco em sua vida psíquica. O *id* vai sendo, se assim pode-se dizer, "domado" pelas convenções e pelos papéis sociais, familiares e culturais, que permitem àquela pessoa a inserção saudável na vida em comunidade.

---

ainda há inúmeras discussões a respeito da metapsicologia freudiana e a dificuldade em se chegar a um consenso na tradução de alguns conceitos.

[68] LAPLANCHE, J & PONTALIS, J.B., *Vocabulário de Psicanálise*. Lisboa: Editorial Presença, 1990, p. 28.

[69] Recalque, segundo Freud, é um mecanismo cerebral de defesa contra ideias que sejam incompatíveis com o Eu. Freud dividiu a repressão psicológica em dois tipos: a repressão primária, na qual o inconsciente é constituído; e a repressão secundária, que envolve a rejeição de representações inconscientes. A repressão é o processo psíquico por meio do qual o sujeito rejeita determinadas representações, ideias, pensamentos, lembranças ou desejos, submergindo-os na negação inconsciente, no esquecimento, bloqueando, assim, os conflitos geradores de angústia. Segundo Sigmund Freud, os conteúdos refutados, longe de serem destruídos ou esquecidos definitivamente pela repressão psíquica, ao se ligarem à pulsão, mantêm sua efetividade psíquica no inconsciente. O reprimido (ou recalcado) constitui, para Freud, o componente central do inconsciente. Referências retiradas de SCHLACHTER, Lina & BEIVIDAS, Waldir. *Ágora: Estudos em Teoria Psicanalítica*, vol.13, n°2. Rio de Janeiro, dezembro de 2010. Nas traduções anteriores a 2011, havia confusão entre as traduções dos conceitos de recalque e repressão (nota da autora).

[70] FREUD, Sigmund. O Eu e o Id. In: ——. *Obras Completas de Sigmund Freud (1923-1925)*. São Paulo: Companhia das Letras, 2016, p. 60.

Portanto, bem no início da primitiva fase oral da criança, seu psiquismo apresenta o investimento objetal e a identificação. Investimento objetal significa escolha narcísica, segundo Freud, amar seu semelhante, sendo que todo o amor objetal comporta uma parcela de narcisismo, onde o Eu representa um reflexo do objeto. Identificação é a forma pela qual a criança toma um indivíduo como modelo. Inicialmente coexistem sem conflitos porque o menino ama o pai, e a menina, a mãe, sem rancor ou ódio por qualquer um dos dois genitores. Quando eclode o complexo de Édipo, há uma transferência do objeto amado. A menina volta-se para o pai, e o menino, para a mãe. Surge, aí, o conflito desencadeante dos transtornos mentais que se não forem devidamente identificados e trabalhados, acarretarão consequências psíquicas futuras. Os investimentos objetais, presume-se, procedem do *id*, que sente como necessidades os impulsos eróticos. O ego (Eu) aprova-os ou procura afastá-los mediante o processo de repressão.

Para o menino, o pai é um obstáculo entre ele e a mãe, por isso deseja destruí-lo ou substituí-lo junto dela. Ódio e amor coexistem na relação com o menino desejando a mãe e disputando-a com o pai, e a menina desejando o pai e disputando-o com a mãe. Na fase oral, ocorre a incorporação e a projeção na qual o indivíduo expressa seus sentimentos no mundo, agindo por tais impulsos e vendo-os em outrem. É esse o ponto no qual vive o canibal, que devora somente aqueles nos quais enxerga alguma importância.

Sendo a identificação a primeira e original forma de ligação afetiva do indivíduo, em circunstâncias de formação de sintomas, isto é, de repressão e predomínio de mecanismos inconscientes, ocorre com frequência de a escolha do objeto se tornar identificação, ocorrendo a introjeção de características do objeto no Eu. Isso pode ocorrer ora com a pessoa amada, ora com a pessoa não amada. Nos dois casos a identificação é parcial, introjetando apenas um traço da pessoa-objeto.

O surpreendente no estudo da psicanálise é que ela é uma ciência linear, não permitindo a compreensão por meio de uma leitura compartimentada ou *per saltum*. Retomando a *Totem e Tabu*,[71]

> [...] um interessante paralelo para a substituição da escolha objetal pela identificação se acha na crença dos povos primitivos, e nas proibições nela baseadas, de que as características do animal incorporado como alimento persistam no caráter daquele que o devora. Sabe-se que essa crença é também parte dos fundamentos

---

[71] FREUD, Sigmund. Totem e Tabu. In: ——. *Obras Completas de Sigmund Freud (1912-1914)*. São Paulo: Companhia das Letras, 2016, p. 36.

do canibalismo, e prossegue atuando em toda a série de costumes ligados à refeição totêmica, até a Sagrada Comunhão. As consequências que aí se atribuem à posse oral do objeto verificam-se de fato na posterior escolha sexual do objeto.

O Eu, ou o ego, deriva, em última instância, das sensações corporais, principalmente daquelas oriundas da superfície do corpo. Pode ser visto, assim, como uma projeção mental dessa superfície, além de representar as superfícies do aparelho psíquico.[72]

Ligando as funções do indivíduo com o ambiente, o ego é a instância recalcante, que utiliza a energia pulsional contida no *id* sob a forma de energia dessexualizada e sublimada, e que está numa relação de dependência das exigências do *id* e das imposições do superego.[73]

O superego ou ideal do ego surge de dentro deste, sendo uma estrutura dele diferenciada. Influenciado pela religião e pela moralidade, origina-se do processo de recalcamento associado à resolução do complexo de Édipo, e, quanto maior for o recalcamento devido à influência da autoridade, da religião, da escola e da família, mais rigorosa será sua atuação sob o senso moral ou o sentimento de culpa.[74]

Conhecido como "juiz do ego", o superego representa a consciência moral e é estabelecido pelos pais na infância e enriquecido pelas exigências culturais e sociais. Costuma-se referir que o superego se separou do ego, mas parece tentar continuamente dominá-lo.

A conclusão é que uma fraca consolidação dos processos psíquicos egoicos e superegoicos pode acarretar uma emergência constante e dominante dos instintos ou impulsos agressivos de um *id* guiado pelo princípio do prazer, levando à criminalidade.

Laplanche e Pontalis[75] referem que a agressividade surge desde cedo no desenvolvimento do indivíduo, associada ao funcionamento pulsional, mas mais fortemente relacionada com as pulsões de morte.

Segundo Dias,[76] "o crime representa a erupção vitoriosa das pulsões libidinosas no campo da consciência", exprimindo "uma

---

[72] Referências retiradas da 4ª reimpressão da obra de FREUD, de 2016, onde o tradutor assume as expressões Eu e Super-Eu no lugar de ego e superego, p. 32.

[73] Referências retiradas de LAPLANCHE, J; PONTALIS, J.B. 1990, p. 78.

[74] FREUD, Sigmund. O Eu e o Id. In: ——. *Obras Completas de Sigmund Freud (1923-1925)*. São Paulo: Companhia das Letras, 2016, p 35.

[75] LAPLANCHE, J. & PONTALIS, J.B. Op. cit. p.78.

[76] DIAS, J. F.; ANDRADE, M. C. *Criminologia: O Homem Delinquente e a Sociedade Criminógena*. Coimbra: Coimbra Editora, 1997, p. 43.

perda do poder inibitório do superego em relação ao ego, que fica, assim, livre para obedecer às exigências do *id*".

Em síntese, a psicanálise parte da convicção de que o fato de as pessoas nascerem desprovidas de qualquer consciência social e que durante a infância seu comportamento é notadamente marcado pelo egocentrismo, a propensão inata para o crime é contrariada com a aquisição de uma consciência através de um processo de condicionamento clássico. Sempre que a criança comete uma ação antissocial, é castigada pelos pais ou professores, e logo começa a associar aquele comportamento repreensível com consequências desagradáveis, passando, então, a evitá-lo. É o "sufocamento" do *id* e a "emersão" do "ego" que começam a se manifestar naquele ser em formação.

Quando tal não ocorre e há persistência de comportamentos e pensamentos antissociais durante toda a vida, será consequência de uma infância durante a qual não houve repressão e punição, levando a criança a crer que esses comportamentos reprováveis são aceitos, valorizados e até mesmo recompensados.

Se os fatores genéticos contribuem fortemente para a criminalidade, deve-se salientar que o homem não é condicionado apenas por sua biologia, porque ele é a soma, a combinação dos fatores sociais e biológicos que determinam seu comportamento. Pode haver uma predisposição biológica/genética, e se acredita que já se provou no transcurso deste texto que assim o é, mas essa predisposição é ativada a partir da interação com certas variáveis ambientais.

Quanto mais perfeita se faz a separação do *id*, do ego e do superego na estruturação psíquica do indivíduo, maiores chances ele terá de levar uma vida mais adequada aos padrões comportamentais aceitáveis para a sociedade no qual está inserido. Desestruturado um desses tripés, tem-se a origem das patologias sociais ou clínicas e maiores chances de condutas antissociais e delinquentes.

A par de a estrutura psíquica do indivíduo estar estabelecida na tríade *id, ego* e *superego*, o desenvolvimento cerebral como um todo é o resultado de vários processos dinâmicos que se assentam na interação entre os genes e o ambiente.

Concluindo, a estrutura biológica inata é a base para todas as capacidades características do ser humano, seja nas esferas intelectual e cognitiva, seja na dimensão da sociabilidade e na parte emocional. Mas é a aprendizagem e a imitação precoces que vão determinar os padrões comportamentais que se instalarão pelo resto da vida. A disponibilização biológica que nasce com a pessoa é moldada pela estimulação exterior que é proporcionada pelo cérebro em desenvolvimento.

O controle das paixões primárias (id), o aparecimento da censura e controle desses instintos primevos (ego) e a moralidade religiosa ou oriunda do discurso familiar a reforçar a repressão (superego) permitem a melhor adequação do indivíduo ao meio e maior resistência à criminalidade.

Traçando um paralelo entre as teorias de Freud a respeito dos comportamentos antissociais ou delinquentes, não se pode deixar de mencionar Lacan,[77] um dos psicanalistas que mais tratou da correspondência entre a Ciência da Mente e a do Direito, especialmente a Criminologia.

Em *Premissas a Todo o Desenvolvimento Possível da Criminologia*,[78] afirma o autor:

> [...] nisso está o próprio pendor da criminologia, na plena antinomia de seus efeitos: se ela chega a humanizar o tratamento do criminoso, só o faz ao preço de um declínio de sua humanidade, supondo que o homem se faça reconhecer por seus semelhantes pelos atos cuja responsabilidade ele assume.

Prossegue referindo que "a responsabilidade por ela restaurada corresponde à esperança, que palpita em todo ser condenado, de se integrar num sentido vivido".[79]

Assim, conclui-se que a psicanálise lança um olhar diferenciado sobre a questão. As significações que ela revela no sujeito culpado não o excluem da comunidade humana, possibilitando um tratamento em que esse não fica alienado em si mesmo.

A responsabilidade[80] referida por Lacan e não desconhecida por Freud é a repressão estatal na forma de castigo, pena, expiação. *"A responsabilidade, isto é, o castigo, é uma característica essencial da ideia do homem que prevalece numa dada sociedade"*.[81]

Segundo Lacan, alguns crimes só podem ser explicados se compreendidos numa profunda subjetividade, visto que o sujeito está inserido numa realidade de conflitos, num mundo complexo que não é fruto apenas da organização social, mas sim, de uma re-

---

[77] LACAN, Jacques. Premissas a todo desenvolvimento possível da criminologia. In: ——. *Outros Escritos (1901-1981)*. Rio de Janeiro: Zahar, 2003, p. 121.

[78] Idem, p. 127.

[79] Idem, p. 131.

[80] LACAN, Jacques. Introdução Teórica às Funções da Psicanálise em Criminologia. In: ——. *Escritos (1901-1981)*. Rio de Janeiro: Zahar, 1998, p. 139.

[81] Idem, ibidem.

lação subjetiva que tem que submeter o particular ao universal. E essa alienação do indivíduo em seu semelhante encontra seus encaminhamentos nas represálias da agressividade.

Para Lacan, grande número de criminosos não são portadores de anomalias psíquicas e somente o psicanalista, ao se ater à estrutura do *Eu*, compreenderá a coerência dos traços que esses indivíduos apresentam e realizar uma clivagem profunda em sua psique, diferenciando as doenças mentais das doenças sociais condutoras do comportamento criminoso.

Se ao psicanalista cabe a tarefa de entender a mente do indivíduo transgressor, Lacan[82] reconhece que

> [...] somente o estado, com a Lei Positiva, pode dar ao criminoso sua punição. O ato há de ser então submetido a um julgamento abstratamente fundado em critérios formais, nos quais se reflita a estrutura do poder estabelecido.

Com notável percepção, separa as esferas psicológica e judicial, embora em nenhum momento defenda a tese de que não possam coexistir em perfeita harmonia, pois configuram duas linhas convergentes e não paralelas. Convergem ao mesmo fim, que nada mais é do que diferenciar o doente do são, o imputável do inimputável, o responsável do irresponsável, o passível de punição do que necessita tratamento psiquiátrico.

Segundo suas palavras,[83]

> [...] a psicanálise do criminoso tem limites que são exatamente aqueles em que começa a ação policial, em cujo campo ela deve se recusar a entrar. Por isso é que não há de ser exercida sem punição, mesmo quando o delinquente infantil, por exemplo, se beneficiar de uma certa proteção da lei.

A Justiça, na busca da verdade que a norteia, não pode fazer outra coisa a não ser manter a ideia de responsabilidade, sem a qual a experiência humana não comporta nenhum progresso.

Não há sociedade organizada que se mantenha sem uma lei positiva, seja esta tradicional ou escrita, de costume ou de direito, afirma o psicanalista.[84] Tampouco existem agrupamentos humanos em que não apareçam todas as transgressões que levam ao crime, visto que é no homem que começam, encontram sua finalidade e se encerram.

---

[82] LACAN. Jacques. Premissas a Todo Desenvolvimento Possível em Criminologia. In: ——. *Escritos (1901-1981)*. Rio de Janeiro: Zahar, 1998, p. 124.

[83] Idem, p. 131.

[84] LACAN. Jacques. Introdução Teórica às Funções da Psicanálise em Criminologia. In: ——. *Escritos (1901-1981)*. Rio de Janeiro: Zahar, 1986, p. 126.

É difícil e delicada a tarefa de defender ou julgar.

A homens dotados da mesma humanidade do criminoso cabe a hercúlea tarefa de entendê-lo, atribuir-lhe a culpa através da demonstração de ser o autor do fato ilícito, aplicar-lhe a pena correspondente e o regime de expiação, se julgador. Ou defendê-lo, encontrar causas excludentes ou minorantes de sua conduta, justificá-lo, enfim, aos olhos da lei, se advogado de defesa.

Outras poderosas razões ainda poderiam ser acrescentadas para que magistrados, promotores de justiça e advogados venham a se valer de todas as ferramentas disponíveis e capazes de tornar mais leve o peso que lhes recai sobre os ombros. Para isso a Criminologia, a Psicanálise e a Neurociência, apenas para restringir-se ao *leitmotiv* deste trabalho.

2. Ser quem somos – o mistério do cérebro humano

> É preciso não esquecer e respeitar as pequenas violências que temos.
> As pequenas violências nos salvam das grandes.
>
> *Clarice Lispector*

2.1. Uma janela para o cérebro

Para qualquer pesquisador ou diletante que se aventure no estudo do cérebro humano, é quase impossível deixar de mencionar a história de Phineas Gage e o terrível acidente que o vitimou.[85] Afinal, é ela que acabaria por abrir uma nova janela para o estudo do cérebro, seus sistemas e funcionamento.

Corria o ano de 1848. Phineas Gage era capataz da Estrada de Ferro Rutland & Burlington e tinha sob seu comando vários trabalhadores. Certo dia, ao se preparar para assentar os trilhos de uma ferrovia no estado de Vermont, cujo terreno era rochoso e acidentado, tornou-se necessário fazer uso de explosivos para abrir um caminho mais plano e reto. Sendo o homem perfeito para executar tal tarefa, graças à sua eficiência, capacidade e concentração, Gage, auxiliado por um de seus comandados, abriu um buraco na rocha e o encheu até a metade com pólvora. A outra metade deveria ser completada com areia e socada com uma barra de ferro. Cumprida a primeira parte da tarefa, sua atenção foi desviada pela solicitação de algum dos outros empregados. Sem se dar conta, usou a barra de ferro feita segundo suas próprias especificações e começou a socar o buraco. Uma fagulha resultante do atrito do ferro com a pólvora provocou uma explosão que projetou a barra contra sua face

---

[85] Referências retiradas de RAINE, Adrian. Op. cit., p. 141-145.

esquerda, atravessou a parte anterior de seu cérebro e saiu pelo topo de sua cabeça.

Surpreendentemente, mesmo tendo sido alçado a considerável distância pelo impacto e ficado desacordado, em poucos minutos, Gage apresentou movimentos convulsivos nas extremidades do corpo. Manteve-se lúcido e consciente durante todo o trajeto até a estalagem onde o médico local lhe prestou os cuidados rudimentares existentes à época. Sobreviveu ao gravíssimo ferimento e a salvo das inúmeras infecções que dele poderiam advir.

Passados alguns meses, entretanto, começou a apresentar comportamento completamente diferente de antes do acidente. De sério, confiável e dedicado ao trabalho, mostrava-se caprichoso, irreverente e fazia uso de linguagem obscena.

Manteve a capacidade física e a competência, mas adquiriu um novo caráter, tornando impossível o retorno ao seu emprego anterior.

Indisciplinado, vagou de emprego em emprego, chegando a se apresentar em circos, sempre levando a famosa barra de ferro que lhe trespassou o crânio.

Os poucos documentos disponíveis relatam que passou a sofrer de epilepsia e talvez as convulsões que o acompanharam até o fim da vida tenham sido a causa de sua morte.

Vários debates foram travados sobre a peculiar alteração da personalidade de Gage após o acidente, mas, segundo Damásio,[86] sempre sob o âmbito da localização da linguagem e do movimento. A conexão entre a conduta social desviante e a lesão do lobo frontal nunca foi cogitada.

Surge, então, o fisiologista britânico David Ferrier, que, aliado a Harlow, médico que tratara inicialmente Gage, concluiu que

> [...] a ferida não tinha afetado nem o "centro" motor, nem o "centro" da linguagem, mas danificado a área do cérebro que ele próprio denominara de córtex pré-frontal; concluiu, ainda, que tais danos poderiam estar relacionados com a modificação peculiar que ocorreu na personalidade de Gage e que descreveu como uma "degradação mental".[87]

As ideias de Harlow e Ferrier encontraram eco nos seguidores da *frenologia* de Gall.

---

[86] DAMÁSIO, António R. Op. cit., p. 34.
[87] Idem, ibidem.

Refere Damásio o acerto de algumas das ideias de Gall, sem perder de vista que se estava no final do século XVIII.

Conforme referido, para Gall o cérebro era o órgão do espírito e constituído por um agregado de muitos órgãos, cada um deles possuindo uma faculdade psicológica específica. Assim, corretamente distanciou-se do pensamento dualista, que separava corpo e mente, e sustentou a existência de uma especialização das funções desempenhadas por esse conjunto de partes.

Além de meritório, o conceito genético da frenologia sobreviveu e se transformou em um dos principais dogmas da neurociência do século XX, embora ainda se discuta a questão crucial de como diferentes regiões cerebrais medeiam diferentes funções cerebrais ou comportamentos.[88] Duas correntes de pensamento advêm desse questionamento: os chamados "localizacionistas" e os "distribucionistas".

Os "localizacionistas", a exemplo de Franz Gall, de quem se pode dizer que são herdeiros, acreditam que funções cerebrais específicas são geradas por regiões do sistema nervoso central altamente especializadas e segregadas. Contrariamente, os "distribucionistas" afirmam que, em vez de falar em áreas especializadas únicas, o cérebro humano prefere realizar suas tarefas por meio de um trabalho coletivo de grandes populações de neurônios distribuídos por múltiplas regiões cerebrais, capazes de participar da gênese de várias funções simultaneamente.[89]

Para Nicolelis,[90] assumidamente distribucionista,

> [...] um neurônio único não pode mais ser visto como uma unidade fisiológica fundamental do sistema nervoso; ao contrário, todos os nossos resultados apontam para o fato inexorável de que populações de neurônios são os verdadeiros compositores das sinfonias elétricas que dão vida a todos os pensamentos gerados pelo cérebro humano.

A constatação de áreas especializadas no cérebro, assegura Damásio,[91] igualmente distribucionista, é hoje um fato incontestável.

A especialização do cérebro defendida por Gall é uma consequência do lugar ocupado por esses conjuntos de neurônios no seio de um sistema de grande escala. Os "centros cerebrais" ficaram

---

[88] Referências retiradas de NICOLELIS, Miguel. *Muito Além de Nosso Eu*. São Paulo: Companhia das Letras, 2011, p. 19.
[89] Idem, ibidem.
[90] Idem, p. 21.
[91] DAMÁSIO, António R. Op. cit., p. 35.

associados às "funções mentais", o que o maior e mais detalhado conhecimento do cérebro acabou provando não ser fisiologicamente correto. O cérebro, volta-se a referir, é um conjunto de *sistemas* interligados e não de órgãos ou regiões especializadas. Aí a falha de Gall, plenamente justificável para o momento histórico em que realizou suas pesquisas.

Não ter-se dado conta de que a função de cada parte individual do cérebro não é independente, mas uma contribuição para o funcionamento de sistemas mais vastos, compostos por essas partes individuais, não empobrece a obra de Gall, nem lhe pode ser atribuída a descuido ou despreparo e sim aos parcos ou inexistentes instrumentos disponíveis para uma visão interna do sistema cerebral em funcionamento.

Se hoje, já avançados no século XXI, médicos e pesquisadores da neurologia e da neurociência ainda se mostram deslumbrados com cada pequena descoberta do funcionamento de um sistema neural, que não poucas vezes, após mais minuciosa e detida análise, apresenta-se incorreta, duzentos anos atrás as ideias e a genialidade de Gall merecem ser reconhecidas.

Literalmente ensina Damásio:[92]

> Seria preciso que passassem dois séculos para que uma perspectiva "moderna" acabasse por vingar. Podemos agora dizer com segurança que não existem "centros" individuais para a visão, para a linguagem ou ainda para a razão ou o comportamento social. O que na realidade existe são "sistemas" formados por várias unidades cerebrais interligadas. O que determina a contribuição de uma determinada unidade cerebral para a operação do sistema em que está inserida não é apenas a estrutura da unidade em si, mas também seu lugar no sistema.

Afirma-se, então, que a mente não é só a operação de cada um de seus diferentes componentes, mas uma conjunção concertada desses sistemas múltiplos.

A mente, figurativamente falando, é como uma orquestra composta de vários instrumentos que se unem para, em conjunto, executar a música escrita na partitura.

Pergunta Nicolelis:[93] "Que princípios guiam a composição e a execução dessas sinfonias neuronais?" Procurando uma resposta, o fio da meada que determinou e restringiu nossa evolução biológica talvez tenha iniciado na longínqua poeira das estrelas, alcançando as profundezas de nosso próprio cérebro, que é um escultor relati-

---

[92] DAMÁSIO, António R. Op. cit., p. 35.
[93] NICOLELIS, Miguel. Op. cit., p. 22.

vístico, um habilidoso artesão que funde espaço e tempo neuronais num *continum* orgânico capaz de criar tudo que somos aptos de ver e sentir como realidade, incluindo nosso senso de ser e existir.

Passo a passo a neurociência expande a capacidade humana a limites quase inimagináveis e acabará por se expressar muito além das fronteiras e limitações de nosso frágil corpo de primatas, encontrando a fonte da vida inteligente, da nossa perspectiva e do senso interno e externo de ser quem somos.

2.2. O córtex pré-frontal e sua intrigante complexidade

O sistema nervoso, constituído por duas divisões, a central e a periférica, forma o cérebro, principal componente do sistema em análise.

Explica Damásio[94] que,

> [...] além do cérebro, com os hemisférios esquerdo e direito unidos pelo corpo caloso (um conjunto espesso de fibras nervosas que liga biredirecionalmente os hemisférios), o sistema nervoso central inclui o diencéfalo (um grupo central de núcleos nervosos escondidos sob os hemisférios, que inclui o tálamo e o hipotálamo), o mesencéfalo, o tronco cerebral, o cerebelo e a medula espinal.

Estruturas neurais ligam o sistema nervoso central a quase todo o corpo. Essa ligação dá-se por meio dos nervos, que constituem o sistema nervoso periférico, cujo papel é transmitir impulsos do cérebro para o corpo e vice-versa.

Mas apenas o sistema nervoso central e o sistema nervoso periférico, com os nervos transmissores dos impulsos, não bastam para explicar essa complexa engrenagem que é o cérebro humano.

Entram aí os hormônios e os peptídeos,[95] que pela corrente sanguínea são conduzidos para o cérebro.

O sistema nervoso central possui setores escuros, conhecidos como *massa cinzenta*, que correspondem, em grande parte, a grupos celulares de neurônios, essenciais para a atividade cerebral, e setores

---

[94] DAMÁSIO, António R. Op. cit., p. 46-47.

[95] Os peptídeos são compostos formados por aminoácidos unidos entre si por ligações covalentes (amídicas ou peptídicas). Eles podem ser imaginados como "os irmãos menores das proteínas", já que contêm muito menos aminoácidos do que elas. Por outro lado, os peptídeos apresentam uma maior diversidade de modificações químicas do que as "suas irmãs maiores". O interesse em estudar os peptídeos cresceu significativamente a partir das constatações iniciais de que eles são compostos químicos com funções essenciais à vida. MIRANDA, Maria Teresa Machini. *A Química dos Peptídeos*. Disponível em: <http://www.crq4.org.br> Acesso em 02 jun. 2017.

claros, a *massa branca*, composta de axônios, responsáveis pela condução dos hormônios pelo sangue.

Ainda com base em Damásio,[96] salienta-se que a neurociência tem empreendido maior esforço para compreender o córtex cerebral, que é uma espécie de "manto" que cobre todas as superfícies cerebrais, incluindo as que se encontram nas profundezas – as chamadas "fissuras" ou "sulcos".

São essas "fissuras" ou "sulcos" do córtex cerebral que definem suas regiões, por exemplo: *Lobo Frontal, Lobo Temporal, Lobo Parietal* e *Lobo Occipital*.

No Lobo Frontal é onde se concentra enorme variedade de importantes funções, incluindo o controle de movimentos e de comportamentos necessários à vida social, como a compreensão de padrões éticos e morais e a capacidade de prever as consequências de uma atitude. O Lobo Parietal recebe e processa as informações enviadas pelo lado oposto do corpo. O Lobo Temporal está permanentemente envolvido em processos ligados à audição e à memorização, enquanto o Lobo Occipital é o centro que analisa as informações captadas pelos olhos e as interpreta mediante um intrincado processo de comparação, seleção e integração.

O córtex cerebeloso, por seu turno e como o próprio nome indica, envolve o cerebelo que é coberto, por sua vez, pela massa cinzenta do córtex cerebral.

A parte evolutiva moderna do córtex cerebral é chamada de "neocórtex", enquanto a mais antiga é o "sistema límbico". Damásio nomina como "neocórtex" tanto o córtex cerebral como o sistema límbico.

Como referido no início deste capítulo, os neurônios são as células essenciais para a atividade cerebral e fazem parte da constituição do tecido nervoso (neural). Quando ativados, ocorre o chamado "disparo", uma corrente elétrica que parte do corpo celular e ao longo do axônio. Essa corrente é o potencial de ação *"e, quando atinge a sinapse,*[97] *desencadeia a liberação de substâncias conhecidas por 'neu-*

---

[96] DAMÁSIO, António R. Op. cit., p. 49.

[97] Para compreender-se a *sinapse* deve-se partir do fato de que existem dois tipos de fenômenos envolvidos no processamento do impulso nervoso: os elétricos e os químicos. Os eventos elétricos propagam o sinal dentro de um neurônio, e os eventos químicos transmitem o sinal de neurônio a outro ou para uma célula muscular. O processo químico de interação entre os neurônios e entre os neurônios e células efetoras acontecem na terminação do neurônio, em uma estrutura chamada sinapse. Referências retiradas de CARDOSO, Sílvia Helena. *Comunicação entre as Células Nervosas*, Revista Cérebro & Mente, São Paulo: Unicamp, 1997.

rotransmissores'".[98] Estes atuam nos receptores, e é na integração cooperativa de muitos neurônios, cujas sinapses poderão ou não liberar seus próprios transmissores, que será disparado o "gatilho" da liberação dos neurotransmissores.

Então, um neurônio dispara um gatilho liberando neurotransmissores. Esse neurônio acionará outro neurônio e mais outro e mais outro, formando uma corrente neural e hormonal que atuará em todo o corpo.

Estudos recentes revelam que existem cerca de 100 bilhões de neurônios no cérebro humano. Cada um deles é capaz de receber cerca de 10 mil mensagens ao mesmo tempo, de interpretar cada uma delas e de fazer a comunicação com as demais células. Calcula-se que existam 100 trilhões de contatos entre os neurônios – as sinapses.

A simples leitura de um texto revela intensa atividade cerebral: a imagem de cada letra, captada pelos olhos, é traduzida por sinais elétricos, que percorrem diversas regiões da massa cinzenta abrigada no crânio, passando por áreas capazes de montar palavras e interpretá-las, tendo como resultado a formação de sentido à frase.

E, ao mesmo tempo em que executa a tarefa de leitura, inúmeras mensagens chegam ao cérebro por ondas elétricas, informando desde aspectos relativos ao ambiente no qual se está – ruídos, cheiros, temperatura –, até sinais físicos que o corpo apresente naquele momento – cansaço, dor, excitação –, sendo escaladas mais e mais células cerebrais para interpretar cada atividade.

Estima-se que cada informação processada no cérebro trafegue um milhão de vezes mais devagar do que um sinal de computador. Contudo, essa desvantagem é ilusória, pois o cérebro reúne bilhões de células nervosas trabalhando ao mesmo tempo para buscar a solução de um único problema – seja reconhecer um rosto, identificar uma forma ou compreender uma ordem –, ao passo que o computador realiza somente as atividades estritamente programadas, passo a passo, pelo usuário. Afirma-se, no fim das contas, que o cérebro está um corpo à frente da informática.

Com relação à função cerebral, Goldberg[99] a conceitua como uma grande corporação, uma grande orquestra ou um grande exército que tem componentes distintos que desempenham diferentes

---

[98] DAMÁSIO, António R. Op. cit., p. 52.
[99] GOLDBERG, Elkhonon. *O Cérebro Executivo: Lobos Frontais e a Mente Civilizada*. São Paulo: Imago, 2002, p. 102.

funções. O cérebro tem seus diretores executivos, que são os *lobos frontais*.[100]

Mas, primando pela precisão, é preciso destacar que esse papel de maestro ou general a comandar um exército neuronal é conferido apenas a uma parte dos lobos frontais – o *córtex pré-frontal*.[101] Considerado como a base dos processos cognitivos complexos, como o raciocínio, a planificação ou a flexibilidade mental, desempenha, também, importante papel no controle emocional e na personalidade. Trata-se da área cerebral situada na parte mais anterior dos lobos frontais, amplamente conectada, que, ao receber informações de diferentes modalidades sensoriais e cognitivas, faz a coordenação de respostas e comportamentos ambientalmente adaptados.

Afirma Seruca:[102]

> Essa área cerebral é o suporte das funções executivas, um conjunto de capacidades que participam da adaptação ativa de um organismo ao ambiente, organizam temporalmente o comportamento, a linguagem e o raciocínio, formulam planos de ação novos e coordenam sequência de respostas envolvendo funções cognitivas.

Essas funções de cognição, linguagem, controle emocional e da personalidade são frequentemente associadas ao funcionamento dorsolateral do córtex pré-frontal, e surgem alteradas na ocorrência de lesões desta área específica. Lesões no neocórtex podem ocasionar mudanças significativas da personalidade, passando a haver um comportamento caracterizado por ações agressivas e envolvimentos em atividades criminais ou antissociais. Cumpre lembrar de Phineas Cage, que sofreu profunda alteração da personalidade e do comportamento após lesão pré-frontal traumática que afetou seus lobos frontais, o que demonstra a importância que esses possuem nessa área específica.

A constituição neuroanatômica do lobo frontal possui três áreas: a pré-frontal, o córtex orbital e o córtex dorsal.

O córtex orbital desempenha importante papel no controle e inibição dos impulsos e na aprendizagem condicionada;[103] o córtex dorsal atua no funcionamento executivo e nas várias capacidades

---

[100] Vê-se, mais uma vez, o sentido de que o cérebro possui um "maestro", que rege a imensa sinfonia de sistemas que o compõe. O termo "maestro" surge em inúmeros autores, como Nicolelis, Raine, etc., e bem expressa a importância dos lobos frontais na estrutura mental das emoções.

[101] É comum referir-se apenas a lobos frontais quando se quer dizer córtex pré-frontal. Neste trabalho utiliza-se a expressão *córtex pré-frontal* ou *neocórtex*.

[102] SERUCA, Tânia Catarina Mira. Mimio de pré-doutourado pelo ISPA – Instituto de Ciências Psicológicas, Sociais e da Vida. 2013, p. 1.

[103] DAMÁSIO, António. Op. cit., p. 94.

cognitivas a ele associadas, como a atenção, a memória de trabalho, a planificação, a monitorização e a flexibilidade mental.[104] Uma lesão cerebral desta área específica provoca comportamentos imaturos, desinibidos, irresponsáveis e de alto risco que podem acarretar problemas legais.

Mesmo que o córtex pré-frontal possa ser compartimentado em áreas diferentes, funções diferentes e síndromes diferentes, não se pode considerar que as áreas corticais e respectivas funções são independentes e funcionam isoladas umas das outras. Segundo Fuster,[105] "a integridade funcional de cada região exerce uma forte influência nas restantes, e o resultado visível de muitos comportamentos é consequência da ação conjunta de todas".

Para Damásio,[106] embora a área dorsal se encarregue das funções cognitivas, abrangendo os processos de aprendizagem, o córtex orbital e sua relação com a dimensão emocional, estimulados pela ligação com o sistema límbico, facilita ou dificulta esses processos através da associação dos estímulos a um estado emocional.

Então, o funcionamento executivo nada mais é do que o resultado multidimensional da articulação de todas as regiões pré-frontais. É o conjunto de operações mentais que organizam e direcionam os diversos domínios cognitivos categoriais para que funcionem de maneira biologicamente adaptativa. Para que a utilização desses recursos físicos e sociais seja econômica e eficaz, não basta que os domínios cognitivos categoriais estejam intatos: é essencial que estejam integrados aos propósitos de curto, médio e longo prazos do indivíduo.

Um dos axiomas da neuropsicologia é que o funcionamento executivo confere autonomia ao indivíduo em relação ao seu meio ambiente. Quando as funções executivas falham, o indivíduo a perde, tornando-se anormalmente dependente, com características de passividade, docilidade e indiferença.

Uma seleção dinâmica teórica poderia descrever o papel do córtex pré-frontal em funções executivas, agindo com um alto nível de *gating* ou mecanismo de filtragem que melhora ativações *goal-directed* e inibe ativações irrelevantes. Esse mecanismo de filtragem permite o controle de execução em vários níveis de processamen-

---

[104] FUSTER, J. *Prefrontal neurons in networks of executive memory*, Brain Research Bulletin, 52 (5), 2001, p. 331-336.
[105] Idem, ibidem.
[106] Referências retiradas de DAMÁSIO, António R. Op. cit., p. 95.

to, incluindo a seleção, atualização, ativações e reencaminhamento, além de possuir destacado desempenho na regulação emocional.

O córtex pré-frontal é fundamental no processamento *top-down* de transformação, que ocorre quando o comportamento é guiado por estados internos ou intenções. Segundo Miller e Cohen, citados por Critis,[107]

> [...] o córtex pré-frontal é crítico em situações em que o mapeamento entre os "*imputs*" sensoriais, pensamentos e ações são pouco ou mesmo estabelecidos em relação a outros existentes ou mesmo os que estão mudando rapidamente. Um exemplo disto pode ser retratado na tarefa de classificar o cartão Wisconsin (WCST). Indivíduos que exerçam esta tarefa são instruídos a classificar os cartões de acordo com a forma, cor ou número de símbolos que nela aparecem. A ideia é que qualquer cartão de dado pode ser associado com um número de ações e nenhum mapeamento estímulo-resposta. Seres humanos com danos do córtex pré-frontal são capazes de classificar o cartão nas tarefas iniciais simples, mas incapazes de assim o fazer com as regras de mudança de classificação.

A conclusão a que chegaram os pesquisadores é do quanto o córtex pré-frontal tem que orientar o controle das funções cognitivas. Em função de seu objetivo de influência, as representações no córtex pré-frontal podem funcionar de várias formas como os modelos de atenção, regras ou objetivos, fornecendo sinais de viés *top-down* para outras partes do cérebro que orientam o fluxo de atividade ao longo dos caminhos necessários para executar uma tarefa.

Vários estudos têm demonstrado que o reduzido volume e as interconexões entre os lobos frontais com outras regiões cerebrais são observados em pessoas com esquizofrenia, depressão, sujeitas a estresse repetido, suicidas, criminosos, sociopatas e viciados em drogas.

Nenhum sistema complexo pode ter êxito sem um mecanismo executivo eficaz, aqui, no caso, os lobos frontais. Mas esses operam melhor como parte de uma estrutura interativa altamente distribuída com grande autonomia e muitos graus de liberdade. Há uma peculiar relação entre autonomia e controle exercida pelos lobos frontais. Essa autonomia e controle é o que proporciona o perfeito funcionamento entre ambos.

Trazendo esses conhecimentos para o âmbito da criminalidade, muitas variáveis devem ser levadas em conta a fim de se tentar justificar as razões da agressividade, já que não existe apenas uma causa e sim uma corrente multidisciplinar a ligá-las.

---

[107] CRITIS, Maria. *Aspectos Neuropsicológicos do Córtex Pré-Frontal*. Instituto de Psicologia Aplicada e Formação Especializada em Neuropsicologia Clínica. São Paulo: mimeo, 2010.

As causas sociais remetem para a influência do meio social criminal no desenvolvimento de comportamentos marginais, destacando a importância dos processos de socialização e aprendizagem social que o indivíduo aprimora em contato direto com o meio pernicioso. As teorias psicobiológicas centram-se no aspecto inato do comportamento, nos fatores genéticos que justificam o fato de membros de uma mesma família enveredarem por uma habitualidade criminosa, fazendo do crime um verdadeiro meio de vida. Os mecanismos do inconsciente não podem deixar de ser considerados, pois os componentes pulsionais agressivos muitas vezes encontram sua justificativa no âmago do ser humano.

Conclui-se, então, que, apesar da inserção num meio familiar ou social criminal poder representar uma forte influência no desenvolvimento da natureza agressiva e voltada para o crime, não se podem ignorar os fatores biológicos característicos ao próprio indivíduo.

Vários estudos têm sido desenvolvidos, inclusive utilizando técnicas neuroimagiológicas, com o intuito de analisar o funcionamento cerebral e tirar a prova dos nove se ele está envolvido na produção de comportamentos socialmente desajustados. O que se verifica das imagens cerebrais captadas por meio de tomografias por emissão de pósitrons (PET) de altíssima resolução é que há uma relação entre perturbações neuronais pré-frontais específicas e a manifestação de comportamentos agressivos, impulsivos e antissociais.

Os resultados obtidos nos estudos permitem afirmar que ocorre perturbação no funcionamento executivo, observada na alteração da flexibilidade mental e da planificação nos casos de comportamento criminal, com evidentes déficits que apontam para a disfunção pré-frontal dorsolateral em comportamentos socialmente desajustados, bem como que a pouca flexibilidade mental leva à reincidência em condutas criminosas em delitos contra a propriedade. Nos crimes contra a pessoa, como o homicídio ou as lesões corporais, observou-se uma perturbação da capacidade de planificação causada pelo aumento da impulsividade, compatível com essa modalidade específica de criminalidade.

O córtex pré-frontal preenche cerca de um quarto do córtex cerebral e abrange as superfícies lateral, medial e inferior do lobo frontal. É também designado por *córtex associativo frontal*.[108]

---

[108] SERUCA, Tânia Catarina Mira. Op. cit., p. 10.

O córtex cerebral está organizado hierarquicamente e suas bases incluem as áreas motoras e sensoriais, com funções mais específicas, visto que suportam funções progressivamente mais integrativas. Assim, o córtex pré-frontal, enquanto associativo do lobo frontal, surge como o nível mais alto da hierarquia cortical dedicada à representação e execução de ações.

O sistema límbico possui estreita ligação com o lobo frontal e é a base de seu envolvimento no comportamento emocional. Lesões nessa área ou em suas conexões acarretam alterações na esfera emocional.

Entretanto, e é importante que se frise, a área pré-frontal não faz parte do sistema límbico, mas as intensas conexões que mantém com o tálamo, amígdala e outras estruturas subcorticais límbicas justificam seu importante papel na expressão dos estados emocionais.

Em 1935, foi realizada a primeira *Lobotomia Pré-Frontal* em seres humanos. Foram seccionadas as conexões límbicas, isolando o córtex pré-frontal em sua área frontal, na tentativa de tratar alterações emocionais graves decorrentes de doença mental. A princípio houve redução da ansiedade desses pacientes, mas surgiram complicações como o desenvolvimento de epilepsia e alterações anormais da personalidade, como a falta de inibição, de iniciativa ou de motivação que impediram a continuidade desse tipo de tratamento.

Afora a crueldade que a lobotomia impunha aos pacientes psiquiátricos, ela também os desumanizava. Sinais de alegria, tristeza, esperança ou desesperança desapareciam cedendo espaço para uma mente sem vida, para traços fisionômicos inexpressivos, para o esquecimento de si e de suas peculiaridades. Deve-se lembrar que as doenças mentais graves exigem maior esforço da medicina para a cura ou abrandamento dos sintomas, além da enorme variedade de modernos fármacos que podem e devem ser utilizados na busca de conforto e melhor adequação social e familiar do doente. Nunca o "desligamento" da mente por meio do seccionamento de sistemas que fazem alguns seres humanos deficientes, doentes e limitados.

O próprio lobo frontal, segundo Damásio,[109] compreende estruturas límbicas dado que a porção anterior do *cíngulo* é uma parte do sistema límbico incluído na porção frontal medial, que desempenha um papel fundamental, juntamente com a amígdala, nas emoções primárias.

---

[109] DAMÁSIO, António R. Op. cit., p. 94.

Esclarece-se que o *cíngulo* faz parte do córtex límbico (giro do cíngulo) e se localiza logo abaixo do corpo caloso. Sua função é coordenar odores e visões agradáveis de emoções anteriores. Esta área do córtex, ladeando o hipocampo, é ativada quando se observa cenas e lugares. O *hipocampo*, cujo nome deriva de sua vaga semelhança com um cavalo marinho, está envolvido na memória e na consciência espacial. A *amígdala* é formada por conglomerados de neurônios em forma de amêndoa e altamente envolvidos na memória e nas respostas emocionais.

Para discernir o papel da amígdala e do hipocampo, é só lembrar: o hipocampo é crucial no reconhecimento de um rosto de um colega de classe, por exemplo, mas é a amígdala que informa que você não gosta dele.

Viu-se que o cíngulo e a amígdala estão envolvidos nas emoções primárias. Convém salientar que essas são as emoções inatas, que nascem com o indivíduo, contribuindo para a sobrevivência da espécie. O medo e instinto de sobrevivência são emoções primárias, que dão origem às emoções secundárias, que surgem associadas a situações e estímulos como resposta emocional a situações ou imagens específicas resultantes das experiências vivenciais do ser humano. As emoções secundárias são adquiridas, portanto não se nasce com elas, e têm origem na integração de informação originária das diversas modalidades sensoriais no lobo frontal e manifestam-se pelos mesmos mecanismos das emoções primárias.[110]

As emoções primárias, então, originam-se diretamente das estruturas do sistema límbico, desde que ocorra um agente desencadeador. O medo de um assalto, por exemplo, ou o instinto de proteger-se de uma agressão iminente. As emoções secundárias, por sua vez, surgem associadas a recordações ou imagens mentais, que podem ser agradáveis, como o nascimento de um filho, ou desagradáveis, como a morte de um familiar.

Ainda segundo a teorização elaborada por Damásio[111] sobre o córtex ventromedial e a sua relação com a esfera emocional e os mecanismos inatos, deve-se referir que as ligações à amígdala, cíngulo, hipotálamo e tronco cerebral representam também a capacidade de efeito do cérebro sobre o sistema nervoso autônomo, além de serem um meio de acesso ao conhecimento inato existente nessas mesmas

---

[110] Referências retiradas de DAMÁSIO, António R. Op. cit., p. 94.
[111] Idem, ibidem.

áreas relativas à regulação biológica essencial para a sobrevivência através do controle do metabolismo, dos impulsos e dos instintos.

Quem não se encantou com o afresco de Michelangelo no teto da Capela Sistina, quer o tenha visto pessoalmente ou em livros de história da arte? A *Criação de Adão*, nome dado à pintura, apresenta uma peculiaridade que pode remeter à neurociência. O manto de Deus tem a forma precisa do contorno do cérebro, seus pés pousam no tronco cerebral e sua cabeça está emoldurada pelo lobo frontal. O dedo de Deus, apontando para Adão e o tornando humano, projeta-se do córtex pré-frontal.

Não se sabe se a alegoria foi planejada ou fruto de mera coincidência, mas é difícil encontrar símbolo mais poderoso do profundo efeito humanizador dos lobos frontais, os verdadeiros "órgãos da civilização".

2.3. Os genes humanos e a biologia cerebral

O mapeamento dos genes humanos sempre foi o objetivo da medicina, com os inestimáveis acréscimos da neurologia e da neurociência. Acreditava-se que, com ele, se desvendaria o até então insondável mistério da composição genética do ser humano e se chegaria a uma via segura para o descobrimento de doenças que perpassavam gerações de uma mesma família, a exemplo de diversos tipos de cânceres.

O gene da criminalidade igualmente atraia o interesse dos cientistas, dada a comprovação de que pais violentos e antissociais muitas vezes produziam filhos violentos e antissociais. Havia a suspeita de uma forte carga genética a justificar tais comportamentos. A criminalidade, então, poderia ter uma base biológica que deveria ser descoberta.

O cientista americano James Watson, citado por Raine,[112] mantém em seu gabinete uma foto histórica em que manuseia um modelo tridimensional de uma molécula de DNA. Em artigo de pouco mais de uma página publicado em abril de 1953 na revista *Nature*, ele e o colega inglês Francis Crick haviam proposto que essa molécula, que armazena a informação genética da célula em todos os seres vivos, seria disposta sob a forma de duas fitas enroscadas uma

---

[112] RAINE, Adrian. Op. cit., p. 57-58.

na outra em espiral, um modelo que ficou conhecido como "dupla hélice".

Com a descoberta, Watson e Crick mostraram em nível molecular como se transmitiam os traços hereditários. Os genes não passavam de trechos de moléculas de DNA e podiam ser descritos pela sequência de bases que os compunham (uma sucessão de letras A, T, C e G). A informação genética agora tinha um alfabeto, e era uma questão de tempo até que os cientistas soubessem soletrá-lo.

No primeiro passo do que viria a ser o Projeto do Genoma Humano, foram sequenciados os 23 pares de cromossomos que se encontram dentro do núcleo de cada célula diploide de todo ser humano.

Células diploides são aquelas cujos cromossomos se organizam em par de cromossomos homólogos, e assim, para cada característica, existem pelo menos dois genes, estando cada um deles localizado em um cromossomo homólogo. O genoma humano é constituído aproximadamente por 24 mil genes e tem como objetivo fazer o sequenciamento dos genes, identificando todos nucleótidos que fazem parte dele.

Em junho de 2000, cientistas vieram a público declarar que haviam conseguido decifrar os mais de três bilhões de letras que compõem o genoma humano. Era ainda um rascunho: a sequência só foi apresentada na íntegra três anos depois.

Em 2003, as instituições envolvidas no Projeto do Genoma Humano anunciaram que ele foi finalizado com êxito e com precisão de 99,99%.

O feito, merecidamente, foi celebrado como o marco de uma nova era para a medicina, já que deu impulso a uma terapêutica orientada cada vez mais pelas características genéticas de cada indivíduo. É o que os especialistas chamam de medicina especializada ou de precisão. Numa definição corrente, ela é descrita como o conjunto de práticas para fornecer o tratamento certo, na dose certa, na hora certa.

Os genes específicos que predispõem à violência, todavia, ainda são desconhecidos, sendo necessário imenso empreendimento especializado, técnico, financeiro e temporal para que seja desvendado. Muito haverá de se percorrer para atingir a compreensão, ainda que mínima, de todas as funções cerebrais e do papel desempenhado pelos genes na linha sequencial humana.

O mais provável é que no âmago desse sequenciamento genético encontre-se o gene que leva ao comportamento violento ou antissocial. No universo cerebral e na descoberta do alfabeto que compõe o sequenciamento genético humano pode estar escondido o mistério das razões da criminalidade.

Embora se partilhem genes em comum, há variações em todos eles, de pessoa para pessoa, com diferentes sequências de DNA em algum local específico. São os chamados "polimorfismos genéticos", que originam as diferenças entre os indivíduos, como a cor dos olhos e textura dos cabelos, para ficar em alguns dos mais conhecidos exemplos.

Mas não apenas os genes são responsáveis por definir os seres humanos. Diferentes níveis da enzima conhecida pela sigla MAOA (monoaminaoxidase A), e cerca de 30% dos seres humanos têm uma variação nesse gene, cumprem o papel de metabolizar vários neurotransmissores envolvidos no controle dos impulsos, atenção e outras funções cognitivas, incluindo a *dopamina,* a *noradrenalina* e a *serotonina,* da qual é um inibidor seletivo.

Não há um gene específico conhecido para o crime ou para a violência, mas pesquisas iniciais destacam que a enzima MAOA desempenha um papel parcial e que sua variação resulta em perturbação nos níveis de neurotransmissores, importantes condutores cerebrais biológicos, que são substâncias químicas produzidas pelos neurônios (as células nervosas), com a função de biossinalização. Por meio delas podem enviar informações a outras células e também estimular a continuidade de um impulso ou efetuar a reação final no órgão ou músculo alvo. Os neurotransmissores agem nas sinapses, que são o ponto de junção do neurônio com outra célula. Uma baixa produção dessa enzima está, em certa medida, associada ao comportamento criminoso. Pesquisas realizadas em homens e mulheres com baixa produção enzimática da "monoaminaoxidase A" (MAOA) relatam maior probabilidade de agressão ao longo de suas vidas. Níveis excessivamente baixos da enzima sujeitam seus portadores ao dobro da possibilidade de ocorrência de condutas delinquentes graves e violência na idade adulta do que aqueles que a possuem em nível normal.

Outro exemplo pode ser encontrado no gene BDNF, derivado do cérebro. É uma proteína que promove a estrutura e sobrevivência dos neurônios e o crescimento e o tamanho do hipocampo, que regula a agressão, bem como das funções cognitivas e o condicionamento do medo e da ansiedade.

Para Raine,[113]

[...] dado que os infratores têm déficit no condicionamento do medo, embotamento emocional e redução no volume de substância cinzenta pré-frontal, não é nenhuma surpresa que o genótipo que confere baixo BDNF esteja associado ao aumento da agressão em seres humanos.

Os fatores genéticos e biológicos interagem com fatores sociais para predispor o homem à violência. Os genes específicos, chamados "genes malignos", são importantes, mas sempre se levando em conta contextos sociais, que podem ser mais decisivos do que a genética.

Todavia, o pouco que se sabe sobre esses genes específicos já basta para se empreender a viagem que parte dos genes malignos, passa pelo comprometimento cerebral e culmina no crime. Têm-se muito menos genes do que se pensava, cerca de 24 mil, quase o mesmo número que os ratos. Embora os genes humanos estejam disponíveis e mapeados, muito permanece desconhecido. Por exemplo, cita Raine,[114] "cerca de 98% de nosso DNA é DNA 'sem valor', ou seja, não codifica sequência protéicas – ainda não sabemos o que há lá ou o que ele faz".

Todavia, para se entender o cérebro, e mais especificamente o córtex pré-frontal, deve-se não perder de vista que somente os sistemas que o compõem não bastam para seu perfeito funcionamento ou para justificar as alterações que conduzem ao comportamento criminoso.

A biologia cerebral vem em socorro dessas indagações, fornecendo uma quantidade inusitada de hormônios que se conectam aos neurônios e encharcam o cérebro com os elementos bioquímicos essenciais para a vida assim como se a conhece.

Perfeitamente adaptado dentro da caixa craniana, o cérebro não pode aumentar de tamanho, e, por esse motivo, não armazena energia como o resto do corpo. Mas precisa de nutrientes e não pode se "alimentar" de gordura. A barreira sangue-cérebro o protege de organismos nocivos e das toxinas que circulam no sangue. E ainda que o órgão se aproveite da *glicose*, seu principal combustível, não consegue armazená-la. Assim, depende do fornecimento de açúcar em tempo real, e é o fígado o gestor dessa complicada operação.[115]

---
[113] RAINE, Adrian. Op. cit., p. 257-258.
[114] Idem, p. 57.
[115] GORGA, Maria Luíza; MARCHIONI, Guilherme Lobo. *Liberdade da Vontade. Neurociência e Culpabilidade*. São Paulo: Revista Brasileira de Ciências Criminais, 2015, p. 216.

Cientistas desconfiam que o *glutamato*, um aminoácido que é produto da metabolização de proteínas encontradas em queijos, carnes e leguminosas, pode ter um papel importante na nutrição cerebral.[116]

Dotado de funções muito diferentes no organismo, esse aminoácido modula, no pâncreas, a atividade das células responsáveis pela produção de insulina; no cérebro, é o principal neurotransmissor excitatório, sendo a substância responsável por passar o impulso nervoso de um neurônio a outro, já que estes não se tocam.

Se desprovido da energia fornecida pelo *glutamato cerebral*, o cérebro envia sinais para o fígado objetivando requisitar uma compensação de *glicose*, à custa do resto do corpo. Se uma parte desta energia desaparece, o resto do corpo sofre. O fígado deve produzir mais glicose e pode tirar proteína dos músculos, o que resulta em perda de massa.

Para tentar chegar-se à origem neuronal da violência é necessário falar-se em bioquímica. E para tanto, refere-se aos neurotransmissores, que são moléculas relativamente pequenas e simples. Diferentes tipos de células secretam distintos tipos de neurotransmissores. Cada substância química cerebral funciona em áreas bastante espalhadas, mas muito específicas do cérebro e podem ter efeitos diferentes dependendo do local de ativação.

São aminas biogênicas a *adrenalina*, a *serotonina*, a *dopamina*, a *histamina*, a *melatonina* e o *DOPA*. O *glutamato* e o *aspartato* são transmissores excitatórios, enquanto que o *ácido gama-aminobutírico* (GABA), a *glicina* e a *taurina* são neurotransmissores inibidores.[117]

Dois importantes neurotransmissores neuronais são a *serotonina* e a *dopamina*.

A *dopamina* controla a estimulação e os níveis do controle motor. Presume-se que a cocaína e a nicotina atuam liberando uma quantidade maior desse neurotransmissor na fenda sináptica. A dopamina ajuda a produzir impulsos e motivação, e é essencialmente envolvida no comportamento de busca e recompensa. Quando elevada, a agressividade aumenta; se bloqueada, diminui.

Quanto à *serotonina*, pode-se afirmar que o gene que a transporta é um dos mais estudados e pesquisados na psicologia, psiquiatria e neurociência. Existe a *serotonina de aleto curto*, que faz com que o cérebro responda em demasia a estímulos emocionais,

---

[116] GORGA, Maria Luíza; MARCHIONI, Guilherme Lobo. Op. cit., p. 216.
[117] DAMÁSIO, António R. Op. cit., p. 192.

deixando a pessoa excessivamente excitada no caso de hiperestimulação. Os baixos níveis de serotonina, segundo Raine,[118] resultam em violência. Como é um neurotransmissor estabilizador do humor, tem uma função inibitória no cérebro.

Acredita-se que a serotonina seja uma das travas biológicas para o comportamento impulsivo, já que lubrifica, inerva o córtex frontal, que é importantíssimo para a regulação da agressão.

Quanto menos serotonina tem, mais imprudente o indivíduo pode ser. Reduzido esse neurotransmissor, torna-se mais propenso à retaliação quando se sente injustiçado. Sem ela, fica mais facilmente chateado quando irritado. Então, acrescente baixo nível de serotonina com uma situação social injusta e se terá o estopim potencial para o desencadear da violência.

Mas não se pode deixar de referir outros poderosos neurotransmissores, a exemplo da *noradrenalina*, que é uma das monoaminas[119] que mais influencia o humor, a ansiedade, o sono e a alimentação, juntamente com a serotonina, dopamina e adrenalina. Também chamada de norepinefrina, a noradrenalina é uma substância principalmente utilizada através do sistema nervoso simpático ou ortosimático, fazendo parte dos neurotransmissores. Seu papel é de transmitir mensagens pelos nervos aos diferentes componentes do organismo através de diversos processos fisiológicos. Próxima da *adrenalina*, outro mediador do sistema nervoso simpático e que possui efeitos diferentes de acordo com os receptores que vão captar essa substância.

Como importante neurotransmissor, a *adrenalina* é um hormônio simpaticomimético, participante do sistema nervoso simpático em resposta a fuga ou luta. Tem efeito vasoconstritor, aumenta a frequência cardíaca e produz dilatação brônquica no sistema respiratório, e é produzido pela medula supra-renal a partir da conversão de noradrenalina por parte de uma enzima, a N-metil-transferase. A feniletanolamina N – metiltransferase é uma enzima encontrada principalmente na medula adrenal, que converte noradrenalina para epinefrina (adrenalina).[120]

Reguladora do fluxo sanguíneo, a *histamina* atua no hipotálamo e é também um neurotransmissor. Sua atuação no cérebro é pouco estudada, atendo-se a se observar seus efeitos como vasodilatador

---

[118] RAINE, Adrian. Op. cit., p. 55.
[119] A *monoamina* também é um neurotransmissor.
[120] RAINE, Adrian. Op. cit., p. 183.

predominantemente sobre os vasos sanguíneos finos, resultando em aumento de permeabilidade vascular.[121]

A *melatonina* é liberada dentro dos vasos capilares sanguíneos que irrigam a glândula pineal, localizada no cérebro e que participa na organização temporal dos ritmos biológicos, como o sono. Outra função atribuída à melatonina é a de ajudar na recuperação de neurônios afetados pela Doença de Alzheimer e por episódios de isquemia como os resultantes de acidentes vasculares cerebrais e no tratamento da epilepsia.[122]

Atuando como o principal neurotransmissor inibidor no sistema nervoso central dos mamíferos, o *GABA (Gama-amino Butyric Acid)*, quando ativado, está relacionado com o comportamento agressivo e a impulsividade em humanos. O papel do GABA muda de excitatória para inibitória a partir do desenvolvimento do cérebro na idade adulta.[123]

Também como inibidores temos a *glicina* e a *taurina*. O primeiro é um aminoácido coligido pelo código genético e um dos componentes das proteínas dos seres vivos, importante para a catálise enzimática. É um neurotransmissor inibitório no sistema nervoso central, especialmente em nível da medula espinal, tronco cerebral e retina. A *taurina* é um ácido orgânico encontrado na bílis e um dos aminoácidos não essenciais mais abundantes no organismo humano, agindo como transmissor metabólico e fortalecedor das contrações cardíacas.[124]

Pela importância e por já ter-se referido a eles na função primordial de condutores dos axônios aos neurônios, deve-se fazer uma sintética abordagem dos *neuropeptídeos*, que além de atuarem nos processos metabólicos caracterizam-se como neurotransmissores. Transportados até as terminações das fibras nervosas pelo fluxo axiônico, são conduzidos de forma lenta, apenas alguns centímetros por dia.

Assim, a breve explanação que se faz acerca dos hormônios e enzimas neurotransmissoras atende ao objetivo proposto de uma abordagem da neurociência de forma compreensível para os que habitam o mundo do Direito, e contém os requisitos necessários para o entendimento dos principais agentes desencadeadores de

---

[121] RAINE, Adrian. Op. cit., p. 183-184.
[122] Idem, ibidem.
[123] Idem, p. 185.
[124] Idem, p. 183.

elementos bioquímicos que, aliados aos sistemas cerebrais, podem conduzir a um cérebro sadio ou desencadear as doenças mentais ou a criminalidade.

2.4. O papel da família na criminalidade

Há uma base biológica para a violência e para o crime. Todavia, acentua-se o acerto de Raine[125] na afirmação de que os fatores ambientais contribuem para as perturbações no cérebro e no processamento biológico.

Portanto, ambos, crime e criminoso, devem ser pensados dentro de sua referência sociológica, levando-se em conta que quando se fala em "referência sociológica" se engloba a família.

A família apresenta-se, a princípio, como um grupo natural de indivíduos unidos para a geração, a transmissão da linhagem e o desenvolvimento de seus membros.

O modo de organização da autoridade familiar, importante no papel incumbido à família, desde seus modos de transmissão, os conceitos de descendência e parentesco que lhe estão ligados, as leis da herança e da sucessão, em suma, suas relações íntimas com as leis do casamento, embaralham as relações psicológicas que dela defluem.

Para Lacan,[126] a espécie humana caracteriza-se por um singular desenvolvimento social, e sua conservação e seu progresso, por dependerem de sua comunicação, são, acima de tudo, uma obra coletiva e constituem a Cultura. E é a Cultura que introduz uma nova dimensão na realidade e na vida psíquica. Essa dimensão "especifica a família humana, bem como, aliás, todos os fenômenos sociais no homem".[127]

Entre todos os grupos humanos, a família desempenha um papel primordial na transmissão da Cultura. Segundo Lacan,[128]

> [...] embora as tradições espirituais, a manutenção dos ritos e dos costumes, a conservação das técnicas e do patrimônio sejam com ela disputados por outros grupos sociais, a família prevalece na educação precoce, na repressão dos instintos e na aquisição da língua, legitimamente chamada materna.

---

[125] RAINE, Adrian. Op. cit., p. 183.
[126] LACAN, Jacques. Os Complexos Familiares na Formação do Indivíduo. In: ——. *Outros Escritos (1901-1981)*. Rio de Janeiro: Zahar, 2003, p. 29.
[127] Idem, p. 29.
[128] Idem, p. 30-31.

Ressalta-se que é nela que a psicologia encontrou uma forte base para o aparecimento dos complexos mais estáveis e mais típicos. Como os complexos desempenham um papel de "organizadores" no desenvolvimento psíquico, refere Lacan,[129]

> [...] assim é que denominam os fenômenos que, na consciência, parecem os mais integrados na personalidade; assim é que são motivadas, no inconsciente, não apenas justificações passionais, mas racionalizações objetiváveis.

Simplificando a teoria de Lacan, é nos sentimentos que se podem ver os complexos emocionais conscientes, sendo muitas vezes os sentimentos familiares uma imagem invertida de complexos inconscientes.

Durhan[130] salienta que

> [...] é próprio do senso comum conceber instituições estáveis da sociedade antes como formas naturais de organização da vida coletiva que como produtos mutáveis da atividade social. No caso da família, entretanto, a naturalização é extremamente reforçada pelo fato de se tratar de uma instituição que diz respeito, privilegiadamente, à regulamentação social da atividade de base nitidamente biológica: o sexo e a reprodução.

É na relação/ligação primária com a mãe, geradora dos cuidados essenciais, fonte da alimentação inicial através da amamentação, e do primeiro discurso cultural que a criança nomear-se-á, conhecer-se-á e chamar-se-á a si mesma. Por isso a importância da presença materna na socialização da criança nos dois primeiros anos de vida.

Quando se abre o leque de possibilidades a outros cuidadores de crianças pequenas e se deixa de atribuir unicamente a figura materna à mulher que gerou e deu à luz àquele ser, seu fundamento se encontra, entre outros fatores, no fato de que o amor materno, também é, na maioria das vezes, uma atribuição cultural.

Em fundamentada análise, Badinter[131] afirma que o amor materno não é tão natural ou instintivo quanto se pensa. Questiona-o com dados históricos que comprovam que o comportamento da mulher em relação à prole tem variado, num período de dois séculos, entre a indiferença e a rejeição, uma vez que, "segundo a sociedade valorize ou deprecie a maternidade, a mulher será, em maior ou menor medida, uma boa mãe".

---

[129] LACAN, Jacques. Op. cit., p. 35.

[130] DURHAN, Eunice. *Família e Reprodução Humana – Perspectivas Antropológicas da Mulher*. Rio de Janeiro: Zahar, 1983, p. 13-14.

[131] BADINTER, Elizabeth. *Um Amor Conquistado – o Mito do Amor Materno*. Rio de Janeiro: Nova Fronteira, 1985, p. 26.

É na psicodinâmica da família, que tão poderosamente molda a identidade dos filhos e que excede a influência da biologia salientada por Freud,[132] que se encontra a base para o desenvolvimento inicial da criança.

Raine,[133] referindo-se a uma pesquisa realizada com ratos, salienta que os filhotes mais lambidos e cuidados por suas mães nos dez primeiros dias de vida apresentaram alterações gênicas no hipocampo,[134] com menor nível de agressividade e estresse ambiental. Transportando essa pesquisa para os bebês humanos, já se sabe que a separação materna no nascimento tem efeitos muito semelhantes. Acredita-se que a expressão genética seja especialmente afetada durante os períodos pré e pós-natal. A negligência ou a ausência materna pode acarretar problemas futuros no desenvolvimento social do recém-nascido. Sabe-se, ainda, reproduzindo Raine,[135]

> [...] que esses períodos iniciais são fundamentais não apenas para o cérebro, mas para o comportamento disruptivo da infância, que é um prelúdio à violência na vida adulta. Retire os cuidados maternos e pode haver efeitos biológicos e genéticos profundos sobre o comportamento.

Existem casos em que a dispensa dos cuidados maternos dá-se por causas que extrapolam a vontade da mulher. Sua morte prematura, por exemplo, ou uma doença incapacitante que a impeça de desempenhar os cuidados indispensáveis à criança. Causas outras também devem ser consideradas: o voluntário abandono da prole, a dependência química (entorpecentes ou alcoolismo), a depressão patológica, as doenças mentais insolúveis.

Por tais razões, assegura-se, com base na bibliografia consultada, que a presença materna não precisa ser suprida unicamente pela mãe biológica. A definição de "maternidade" é outro conceito amplo, permitindo englobar todo aquele que dispensa os cuidados essenciais à criança pequena. Pode ser exercido pelo pai, por parentes próximos, como tios ou avós, e até mesmo por uma pessoa sem laços de consanguinidade com o bebê, mas que se encontra comprometida emocional e afetivamente com sua educação e proteção.

Com base em Raine,[136] cumpre referir que o ambiente é ainda mais poderoso que o cérebro do que se pode imaginar: *"o ambiente*

---

[132] FREUD, Sigmund. *Publicações Pré-Psicanalíticas e Esboços Inéditos. Standard Brasileira das Obras Psicológicas Completas de Sigmund Freud.* Rio de Janeiro: Imago, 1987.

[133] RAINE, Adrian. Op. cit., p. 262.

[134] O *hipocampo* desempenha um importante papel na regulação da agressividade, como se viu em páginas anteriores deste trabalho.

[135] RAINE, Adrian. Op. cit., p. 262.

[136] RAINE, Op. cit., p. 259.

pode superar a genética". Experiências sociais, para o bem ou para o mal, mudam o cérebro, provavelmente em todos os grupos étnicos e gêneros. Se o ambiente, embora destituído da figura da mãe biológica, acolhe e protege a criança, suas estruturas cerebrais e estruturação psicológica podem manter-se hígidas e propiciar uma saudável evolução socioambiental.

A biologia e os sistemas cerebrais não são os únicos fatores determinantes da criminalidade. Os bons cuidados dispensados à criança em formação, o discurso comportamental adequado, a repressão dos instintos, a educação e a gradativa socialização daquele indivíduo podem modificar o rumo de uma história que poderia conduzir à violência e aos comportamentos antissociais.

Em exaustiva análise de comunidades americanas inseridas em áreas de intensa criminalidade e pobreza, constatou-se que a vida dos criminosos violentos demonstra que sofreram de privação materna, abusos físicos e sexuais, má nutrição e outros traumas. Também que, em nível cerebral, esses golpes foram acusados em áreas específicas do cérebro, como o córtex orbifrontal medial, o córtex pré-frontal, a amígdala, o hipocampo e o córtex temporal, áreas comprovadamente ligadas à violência.

Todavia, e por questão de honestidade intelectual, deve-se tornar a referir que não há prova cabal de que alguma área ou circuito do cérebro, por si só, seja responsável pela violência. É a associação de diversas áreas cerebrais que podem vir a desencadeá-la.

A genética comportamental, acrescenta Raine,[137] "é uma caixa preta sombria porque, ao mesmo tempo em que nos diz qual proporção de um determinado comportamento é influenciada pela genética, não identifica os genes específicos que predispõem à violência". O essencial, portanto, será desvendar quais influências ambientais interagem com quais genes para causar a criminalidade. Trata-se de um novo campo de pesquisa para os cientistas sociais que, anteriormente, desconfiavam da genética do crime.

2.5. Comportamento antissocial, agressividade e violência e sua ligação com o córtex pré-frontal

Muito se falou, no curso deste trabalho, sobre violência, conduta antissocial e suas origens cerebrais, com a análise do córtex cerebral, notadamente o pré-frontal.

---

[137] RAINE, Op. cit., p. 57.

Enfrenta-se, agora, o que é o comportamento criminal e os delitos seriais, que, torna-se a ressaltar, não constituem o foco desta pesquisa, mas serão abordados para distingui-los dos crimes eventuais, que ocorrem esporadicamente. Só se pode conhecer parte de um objeto se apreendermos o seu todo, o que constitui motivo suficiente para uma breve e necessária distinção entre essas condutas ilícitas humanas.

Por comportamento criminal ou antissocial entende-se aquele que reflete o desrespeito pelas normas da comunidade relacionadas com a vida e a propriedade pública e privada, e que se manifesta em atividades que envolvem a agressão, o roubo, a desonestidade e destruição dos bens materiais de outra pessoa. A lavagem de dinheiro, as corrupções ativas e passivas, a extorsão e os inúmeros delitos cometidos pelos administradores públicos, menos citados quando se fala em violência, não podem ser esquecidos, pois constituem brutais ataques à propriedade e ao erário público.

De acordo com Scharfetter,[138] a agressão pode ter a função de preservação do indivíduo e da espécie e constitui parte do comportamento humano porque é fundamental para a afirmação da pessoa na sociedade, e é frequentemente associada a aspectos positivos, como a capacidade para ultrapassar obstáculos, alcançar objetivos ou subir na carreira profissional. Contudo, prossegue o autor,

> [...] a agressividade também pode assumir uma dimensão patológica e ser um comportamento que visa ofender, ferir ou matar e que, quando surge relacionada com a perturbação de personalidade anti-social constitui uma combinação que resulta num aumento significativo da tendência para cometer crimes violentos.

Existem dois tipos de agressividade que merecem ser reportados: a *agressividade impulsiva*, que é uma resposta violenta a uma provocação ou agressão física ou verbal iniciada por outros, e que pode assumir uma forma descontrolada e com grande carga emocional, e a *agressividade predatória*, caracterizada pelo controle, intencionalidade e ausência de emoção, e que é dirigida para um objetivo antevisto e almejado.[139]

Raine[140] refere a existência de indivíduos *proativos* e *reativos*. Os proativos planejam a ação desviante com bastante antecedência. São equilibrados, controlados e movidos por recompensas externas ou materiais, ou internas e psicológicas. E prossegue:

---

[138] SCHARFETTER, C. *Introdução à Psicopatologia Geral*. Lisboa: Climpesi, 1996, p. 85.

[139] Referências retiradas de SERUCA, Tânia Catarina Mira. *Córtex Pré-Frontal, Funções Executivas e Comportamento Criminal*. São Paulo: Instituto Universitário – ISPA, 2013.

[140] RAINE, Adrian. Op. cit., p. 74-75.

Também têm sangue frio e nenhuma compaixão. Eles vão planejar cuidadosamente o ataque sobre o qual tem pensado e não vão pensar duas vezes antes de matar se for necessário. Um monte de assassinos em série se ajusta a isso.

Os assassinos *reativos,* de sangue mais quente,

[...] atacam emocionalmente quando confrontados com um estímulo provocante. Alguém os insulta e lhes chama por nomes impróprios. Eles emprestam dinheiro que não foi devolvido. Eles foram ameaçados verbalmente. Então eles revidam com raiva.

Que o homicídio é cheio de *nuances,* é certo. E que há uma base cerebral para a violência, com a atuação predominante do córtex pré-frontal é igualmente certo. Contudo, afirma Raine,[141] mesmo entre essa pequena proporção dos indivíduos que matam há diferenças. A anatomia cerebral dos assassinos seriais e dos eventuais é diferente.

Os homicidas seriais têm o funcionamento do córtex pré-frontal relativamente normal. É necessário, então, sondar as profundezas da mente assassina para melhor compreendê-los. E é mais abaixo da civilizada crosta superior onde se encontra o córtex pré-frontal que se localiza o sistema límbico, local das emoções e das partes mais primitivas de nossa composição neural. Nessa área, a amígdala aciona as emoções e estimula tanto o ataque predatório dos criminosos seriais, quanto o afetivo, dos ocasionais. O hipocampo modula e regula a agressão e, quando ativado, desencadeia o movimento de ataque predatório. O tálamo funciona como uma estação de retrotransmissão entre as áreas límbicas emocionais e as áreas corticais regulatórias. Por fim, entra o mesencéfalo que, quando estimulado, dá expressão à agressão emocional afetiva, de sangue quente.[142]

Pode-se pensar, então, nessas regiões límbicas mais profundas, responsáveis pela emoção, como parciais motivadoras da agressão e da raiva intensa, que ambos os grupos de assassinos têm em comum, diz Raine.[143] E prossegue afirmando que

[...] a diferença, porém, é que os matadores de sangue-frio têm recursos regulatórios pré-frontais suficientes para expressar sua agressividade em ações de modo relativamente cuidadoso e premeditado. Ficam tão irritados quanto qualquer um, mas, em vez de apenas ficar com raiva, eles vão além. Em contrapartida, embora os assassinos de sangue quente também tenham uma massa de sentimentos de raiva fervendo à distância, eles não têm recursos pré-frontais suficientes para

---

[141] RAINE, Adrian. Op. cit., p. 76.
[142] Idem, ibidem.
[143] Idem, p. 77.

expressar sua raiva de modo controlado e equilibrado. Alguém fica irritado, fica vermelho e explode a tampa. Antes que perceba, o sangue fluiu.

Por tais razões, afirma-se que, embora os homicidas seriais (proativos) e os homicidas eventuais (reativos) pareçam ao leigo iguais, eles se desassemelham intrinsecamente. Nos primeiros, o córtex pré-frontal atua de forma praticamente perfeita, enquanto que, nos segundos, o que fala mais alto é o sistema límbico, fonte das emoções primárias. Os proativos agem racionalmente; os reativos, emocionalmente. Se se pudesse ver seus cérebros em funcionamento durante o desenrolar criminoso, ver-se-ia, com absoluta precisão, a maior ou menor ativação de zonas bastante expressivas e diferentes desse órgão. O metabolismo da glicose e a redução do fluxo sanguíneo também se fazem presentes nos criminosos violentos em relação aos "controles", que são os grupos de pessoas normais usados em comparação com o grupo em estudo, os violentos, nas pesquisas científicas sobre a anatomia cerebral durante o atuar delinquente.

O mau funcionamento da região pré-frontal predispõe à violência, relata Raine.[144] Há uma notável falta de ativação no córtex pré-frontal e forte atuação do córtex occipital. Esse mau funcionamento do córtex pré-frontal pode acarretar *danos emocionais*, com a perda de controle sobre as partes evolutivamente mais primitivas do cérebro – como, repete-se, o sistema límbico – que geram emoções como a raiva e a ira. Quando o córtex pré-frontal é mais sofisticado, mantém uma tampa sobre essas emoções límbicas. Retire essa tampa e as emoções transbordarão; *danos comportamentais*, com a assunção de riscos, irresponsabilidade e quebra de regras; *danos na personalidade*, com impulsividade, perda do autocontrole e incapacidade de modificar e inibir o comportamento de modo apropriado; *danos sociais* que resultam em imaturidade, falta de tato e déficit de julgamento social; *danos cognitivos* com perda de flexibilidade intelectual e piores habilidades na resolução de problemas.[145]

Trazendo esses conceitos para os criminosos seriais, se uma pessoa é capaz de matar várias outras durante um largo lapso temporal, certamente é porque possui capacidade de planejamento, controle, consideração de planos alternativos de ação, atenção para se concentrar na tarefa imposta e a conclusão conduz à necessidade desse indivíduo possuir um córtex pré-frontal com bom desenvol-

---

[144] RAINE, Adrian. Op. cit., p. 65.
[145] Idem, ibidem.

vimento. Deve-se lembrar que certos homicidas em série só foram descobertos após vários anos e muitos crimes.

Nos homicidas eventuais não há planejamento e controle. Pelo contrário. O crime é desencadeado justamente pela falta destes atributos. Explodem de inopino, são incapazes de conter as emoções que afloram de súbito e os delitos são normalmente praticados sob o império do ciúme, do ódio passageiro e da raiva indomável.

A grande maioria dos assassinos mata apenas uma vez, assegura Raine.[146] E é verdade, pelo menos no que se refere aos delitos de homicídio. O que costuma acontecer, e o prova a realidade dos Tribunais do Júri, é o indivíduo ser julgado pela morte voluntária (dolosa) de seu semelhante uma única vez. Não torna a matar. Claro que tanto não se aplica aos conhecidos "homicidas seriais".

Ressalta-se que quando se fala em *serial killers* fala-se somente nos crimes de homicídio, pois é a eles que a própria palavra remete em sua tradução de "matadores seriais" ou "matadores em série".

É de fundamental importância, a esta altura do trabalho proposto, que se diferencie *crime habitual, habitualidade criminosa e continuidade delitiva*, já que é essa distinção que levará à melhor compreensão do delinquente serial e do delinquente eventual.

Por crime habitual entende-se a reiteração da mesma conduta reprovável, de forma a constituir um estilo ou hábito de vida. Exemplos clássicos são o *rufianismo*[147] e o *curandeirismo*.[148] No crime habitual, as ações que o integram, consideradas em separado, não são delitos. Na *habitualidade criminosa* há pluralidade de crimes, sendo a habitualidade uma qualidade do autor, e não da infração penal.[149]

A reiteração criminosa ou habitualidade delitiva não se confunde com o crime continuado. Para o Supremo Tribunal Federal,[150]

---

[146] RAINE, Adrian. Op. cit., p. 65.
[147] Art. 230 do Código Penal: Tirar proveito da prostituição alheia, participando diretamente de seus lucros ou fazendo-se sustentar, no todo ou em parte, por quem a exerça.
Pena: reclusão, de 1 a 4 anos, e multa.
[148] Art. 284 do Código Penal: exercer o curandeirismo: I – prescrevendo, ministrando ou aplicando, habitualmente, qualquer substância; II – usando gestos, palavras ou qualquer outro meio; III – fazendo diagnósticos.
Pena: detenção de 6 meses a 2 anos.
[149] JESUS, Damásio Evangelista de. *Direito Penal: Parte Especial*. 14. ed. São Paulo: Saraiva, 1988, p. 188.
[150] BRASIL. Supremo Tribunal Federal. Habeas Corpus nº 101049, Segunda Turma, Relatora: Ministra Ellen Gracie, Brasília. Brasília, 04 de maio de 2010. Disponível em: <http://www.stf.jus.br/portal/inteiroTeor/obterInteiroTeor.asp?id=611550>. Acesso em: 02 jun. 2017.

"a reiteração criminosa indicadora de delinquência habitual ou profissional é suficiente para descaracterizar o crime continuado".

A continuidade delitiva representa, na verdade, ficção jurídica inspirada em política criminal e na menor censurabilidade do autor de crimes plurais da mesma espécie e praticados de modo semelhante, a indicar continuidade, ou seja, os crimes subsequentes devem ser havidos como continuação do primeiro. Exemplo: furtos praticados pelo mesmo indivíduo, com modo de execução semelhante (escalada ou destreza, a título ilustrativo), em espaço temporal que não exceda em muito trinta dias e que sejam cometidos na mesma Comarca ou arredores.

A reiteração ou habitualidade criminosa, por seu turno, difere, e muito, do crime continuado. Embora haja pluralidade de delitos, ainda que da mesma espécie, ausente as similitudes, ou, se verificadas, estas não bastam para indicar a continuidade.

Tome-se emprestada a hipótese concreta julgada pelo Supremo Tribunal Federal:[151]

> No caso dos autos, os modos de execução são distintos e os delitos estão separados por espaço temporal igual a seis meses. Não se cuida, portanto, de crime continuado, mas de reiteração criminosa. Incide a regra do concurso material.

Nas hipóteses de reiteração criminosa, o tratamento penal deve ser endurecido, com maior quantidade de pena, uma vez que a culpabilidade, no sentido de censurabilidade ou reprovabilidade, é maior.

Só se pode entender a continuação, no magistério de Cernicchiaro,[152] desde que a sequência das ações ou omissões diminuam a censura. E prossegue o referido autor:

> Ao contrário, se as circunstâncias evidenciarem, por exemplo, propensão para o delito, raciocínio frio, calculista, reiteração que se projeta todas as vezes que o agente encontra ambiente favorável aos delitos, pouco importa a conexão objetiva. A reiteração que se transforma em habitualidade, atrai, sem dúvida, maior culpabilidade.

A título meramente ilustrativo, analisam-se alguns crimes seriais ocorridos no Brasil.

---

[151] BRASIL. Supremo Tribunal Federal. Habeas Corpus nº 93824, Segunda Turma, Relator: Ministro Eros Grau, Brasília, 13 de maio de 2008. Disponível em: <http://www.stf.jus.br/portal/inteiroTeor/obterInteiroTeor.asp?id=541605>. Acesso em 02 jun. 2017.
[152] CERNICCHIARO, Luiz Vicente. *Código Penal: Concurso de Pessoas. Crime Continuado. Pena. Aplicação e Execução.* Revista Brasileira de Ciências Criminais, vol. 8. São Paulo: Editora Revista dos Tribunais, 1994, p. 89.

Conhecido como o primeiro *serial killer* brasileiro, João Acácio Pereira era tido como um pacato e educado morador de Santos, São Paulo. Ninguém imaginaria que, nas madrugadas dos anos 60, ele viajava até a capital para cometer grandes roubos. João cortava a eletricidade e entrava de pés descalços nas mansões visadas para o crime patrimonial. Usava um lenço vermelho para esconder o rosto e uma lanterna vermelha. Daí o apelido dado pela imprensa de "Bandido da Luz Vermelha".[153]

Não era um matador serial típico, já que os quatro homicídios cometidos foram o que se chama "acidentes de percurso". Um deles foi cometido durante uma briga de bar, e os outros três, pela resistência oposta pelas vítimas.

Foi preso e identificado graças a impressões digitais encontradas nos vidros de uma janela. Depois de cumprir 30 anos de prisão, dela saiu desdentado e louco. Quatro meses depois, foi morto em uma briga de bar com um pescador, em Joinville, Santa Catarina.

A história do "Maníaco de Goiânia" fornece dados mais relevantes para a análise que se está a fazer. Thiago Henrique Gomes da Rocha diz ter uma raiva incontrolável dentro de si, um ódio irracional, acarretado pelos traumas de uma infância torturada e difícil. Refere ter sido estuprado por um vizinho e traído por uma namorada. Desde os 17 anos convive com o desejo incontrolável de matar, tanto que assassinou 39 pessoas. Suas vítimas preferenciais eram mulheres, mendigos e homossexuais, e seu método, aleatório. Em geral, seguia a vítima, matava-a rapidamente e fugia pilotando uma motocicleta. Outras, no entanto, foram estranguladas ou mortas a facadas. Capturado aos 26 anos de idade, aguarda preso a sentença definitiva. Sua defesa alega insanidade mental.[154]

Talvez o caso mais ilustrativo de criminoso serial seja o de Francisco de Assis Pereira, o "Maníaco do Parque". Entre os anos de 1997 e 1998, Francisco fez nove vítimas – duas das quais sobreviveram – no Parque do Estado de São Paulo. Dizendo ser "olheiro" de agências de modelos, convencia as mulheres a subir em sua motocicleta e ir até o parque para uma sessão de fotos. Lá, estuprava e enforcava as vítimas e as abandonava no mato. Dizia ser motivado por três traumas: o assédio sexual de uma tia na infância, o relacionamento com um ex-patrão e uma namorada que tentou arrancar

---

[153] Referências retiradas de material de arquivos dos jornais *O Estado de São Paulo*, de 07/01/2001, p. C3, e *Folha de São Paulo*, de 05/05/2001, p. A3.

[154] Referências retiradas de arquivos dos jornais *O Estado de São Paulo*, *Folha de São Paulo* e *Revista Veja*.

seu pênis com uma mordida. Condenado a 147 anos de prisão, recebeu mais de mil cartas de amor e se casou com uma admiradora.

"Só mato quem merece", diz "Pedrinho Matador". Das 71 vítimas que fez, uma delas foi o próprio pai, de quem arrancou o coração. Sua carreira criminosa começou cedo, aos 13 anos de idade. Em 1973, com apenas 18 anos, foi preso e condenado a 128 anos de prisão. Seu pai foi morto por ele dentro da penitenciária onde também cumpria pena pelo homicídio de sua esposa, mãe de Pedrinho, com 21 golpes de facão. As vítimas preferenciais do "matador" eram estupradores e agressores de mulheres, mas nada obstava que matasse também pessoas diversas. Pelas suas contas, matou mais de 100 pessoas. Cumpriu os 30 anos de pena regulamentar e foi solto, sendo que quatro anos depois retornou ao cárcere pela participação em motins. Pode sair em 2019.[155]

Os criminosos ocasionais, ainda em se tratando dos homicidas, são em maior número e *modus operandi* diverso. Não se pode sustentar que a barbárie de seu crime seja de menor potencial agressivo ou de menor significância social. O homicida ocasional pode chegar a requintes de crueldade inimagináveis, às vezes até maiores do que os dos criminosos seriais. O que os distingue, sem dúvida, é apenas o número de vítimas.

Três exemplos de crueldade extrema podem apontar a veracidade dessa afirmação.

Começa-se com o "Caso Richthofen", denominação pela qual se tornaram conhecidos o homicídio, a consequente investigação e o julgamento pela morte de Manfred e Marísia von Richthofen, casal assassinado pelos irmãos Daniel e Cristian Cravinhos a mando e com a colaboração ativa de Suzane von Richthofen.

Suzane e Daniel conheceram-se em agosto de 1999 e começaram um relacionamento pouco tempo depois. Encontraram forte oposição familiar, especialmente por parte dos Richthofen. Suzane, Daniel e Cristian, então, arquitetaram um plano para matar os pais de Suzane, simular um latrocínio e tomar posse da herança que caberia à filha do casal.

Em 31 de outubro de 2001, Suzane abriu a porta da mansão da família no Brooklin, em São Paulo, para que os irmãos Cravinhos pudessem acessar a residência. Ato contínuo, subiram ao segundo andar do imóvel e mataram Manfred e Marísia com marretadas na cabeça.

---

[155] Referências retiradas de arquivos de jornais *O Estado de São Paulo* e *Folha de São Paulo*.

Depois de muitas negativas e choro compungido de Suzane pela morte dos pais, a polícia concluiu pelo cometimento do crime pelos três suspeitos.

Suzane e Daniel foram condenados a 39 anos e 6 meses de prisão, e Cristian Cravinhos, a 38 anos e 6 meses. Todos começaram a cumprir a pena em regime fechado, por se tratar de crime hediondo e pelo quantitativo da reprimenda.

Vinda de uma família de classe média alta, aparentemente harmoniosa e estruturada, Suzane preparava-se para o vestibular e nada indicava que um crime de tamanha premeditação e brutalidade pudesse ser perpetrado por ela.

A história da família Cravinhos é um pouco diferente. De classe média baixa, eram conhecidos como a "família do barulho" por causa da oficina de conserto de carros e motos que possuíam. O pai chegou a ser condenado por falsidade ideológica por usar uma carteira falsa da Ordem dos Advogados do Brasil. Aposentou-se como escrivão de cartório. Não há relatos de vizinhos acerca de brigas e discussões na família.

Os irmãos Cravinhos cumpriram 1/6 da pena sem causar perturbações no presídio em que se achavam recolhidos e se encontram atualmente em regime semiaberto.

Suzane também se adaptou exemplarmente à prisão, tanto que ficou conhecida como uma "presa institucionalizada", ou seja, fez do cárcere a sua casa, dele tirando o que havia de melhor e não se envolvendo em brigas ou discussões com as outras detentas.

Já cumpriu mais quantidade de pena do que o necessário para a liberdade condicional, da qual abriu mão alegando, na época, temer por sua vida. Hoje, no regime semiaberto, prepara-se para retornar ao convívio social.[156]

Com requintes de crueldade foi o crime de homicídio praticado por Elize Matsunaga, do caso "Marcos Kitano" ou "Caso Yoki". Segundo Elize, ela foi a única responsável pela morte de seu marido Marcos, com um tiro na cabeça disparado com uma pistola calibre .380. Após tê-lo matado, esquartejou o corpo, transportou as respectivas partes em malas e as abandonou em sacos plásticos ao longo da estrada de Cotia, cidade do interior de São Paulo.

Alega que a causa do crime foram as agressões e traições infligidas por seu marido, o que a fez "perder a cabeça" e vir a matá-lo.

---

[156] Referências retiradas de material de arquivos de jornais *O Estado de São Paulo*, *Folha de São Paulo* e Revista *Veja*.

De família pobre, exercia a prostituição quando conheceu e se casou com o herdeiro das Indústrias Yoki.

Julgada, foi condenada a 19 anos, 11 meses e 1 dia de prisão. Mostra-se adaptada ao cárcere, não causando problemas à administração e mantendo bom relacionamento com as companheiras de cela.[157]

Certamente que os crimes seriais despertam a curiosidade humana a ponto de se indagar o que leva um indivíduo à repetição de condutas reprováveis. Frise-se que, em todos os casos relatados de criminosos sequenciais, seu modo de agir é praticamente inalterável. Se estupra e mata uma vez, estuprará e matará nas outras vezes. Se mata e esquarteja o cadáver, matará e esquartejará outras vítimas. Se usa de ardil para obter a confiança do ofendido, usará do mesmo ardil outras vezes.

Pode-se fazer uma comparação sem maiores dificuldades. O Maníaco do Parque agia sempre do mesmo modo. O Bandido da Luz Vermelha também. O Maníaco de Goiânia não mudava seu *modus operandi*.

Mas além da curiosidade, cabe perguntar o que leva o indivíduo ao cometimento dos crimes e por que quase não se encontra registro de crimes seriais cometidos por mulheres, já que "na vingança e no amor a mulher é mais bárbara do que o homem", segundo afirma Nietzsche.[158]

A pesquisa que se fez não aponta um único caso de vários homicídios perpetrados por mulher no Brasil. Os exemplos são abundantes na literatura estrangeira, especialmente a norte-americana, que, por não representar o foco deste trabalho, se deixará de abordar. A esmagadora maioria é de homicídios seriais cometidos por homens. A resposta não está no fato de que a mulher é dotada de menores níveis de violência. Já foi provado que seu índice de agressividade é igual ao do homem. Recorre-se a Raine,[159] que talvez forneça a resposta quando sustenta que

> [...] enquanto os guerreiros do sexo masculino perpetram a maior parte da violência agredindo, as fêmeas também podem ser agressivas, em uma espécie de via clandestina. No cômputo geral, porém, as mulheres tendem a ser mais preocupadas que guerreiras, por razões que a psicologia evolucionista pode ajudar a explicar.

---

[157] Referências retiradas de material de arquivos de jornais *O Estado de São Paulo*, *Folha de São Paulo* e *Revista Veja*.
[158] NIETZSCHE, Friedrich. Para Além do Bem e do Mal. In: ——. *Coleção Grandes Obras do Pensamento Universal*, 31, 3. ed. São Paulo: Editora Escala, 2011, p. 78.
[159] RAINE, Adrian. Op. cit., p. 31-32.

Como a sobrevivência corporal exerce um papel muito importante para a mulher, porque cabe a ela essencialmente os cuidados com a prole, procura evitar, por medo e autoproteção, embates físicos que possam resultar um dano corporal. Esse medo do mal ao corpo e à saúde é, sem dúvida, prossegue o autor,[160] o mecanismo biológico que a evolução incutiu para protegê-la da morte, ajudando a garantir a sobrevivência de seus descendentes.

Mas é de suma importância referir que

> (...) a diferença entre os sexos na agressão é maior nos níveis de agressão física mais grave; e muito menor quando se trata de agressão verbal; e é insignificante em caso de "agressão indireta". Essencialmente, as mulheres são muito mais propensas a se envolver em agressões quando o custo para elas em termos de dano físico é mínimo.[161]

Em vez de fisicamente violentas, as mulheres são vistas como tendo uma estratégia mais passivo agressiva, envolvendo-se em estímulo à agressão, incitação à violência, maledicência, etc.

Acredita-se ser correta essa assertiva. Pegue-se como exemplo dois homicídios praticados por homens com o auxílio imprescindível de mulheres, para não dizer que na realidade foram elas as autoras intelectuais do fato. O primeiro caso é o que envolveu a atriz Daniella Perez, morta por seu par romântico em uma novela, Guilherme de Pádua, em coautoria com a esposa Paula Thomaz. Atraída ardilosamente a lugar ermo, Daniella recebeu 18 golpes de punhal, o que ocasionou a sua morte. Em toda a sequência de atos, Paula acompanhou ativamente a conduta realizada por Guilherme. Chegou mesmo a se esconder, com o conhecimento do marido, no banco traseiro do carro em que este se deslocava ao encontro de Daniella. Condenados, já cumpriram a fração imposta para a liberdade condicional, encontrando-se em liberdade.

O "Caso Isabella Nardoni" comoveu o Brasil, tanto pela tenra idade da vítima, 5 anos, quanto por ter sido jogada do sexto andar do edifício em que morava seu pai, Alexandre Nardoni, com a madrasta, Anna Carolina Jatobá. A janela era guarnecida por tela protetora, que foi rasgada e por ela projetado o corpo ainda vivo da criança. Comenta-se que a vítima foi maltratada fisicamente antes de morrer em decorrência da queda, e que a madrasta havia incitado o pai de Isabella a matá-la. Ambos foram condenados. Ana Carolina, a 26 anos e 8 meses de reclusão, e Alexandre, a 31 anos, 1

---

[160] RAINE, Adrian. Op. cit., p. 33.
[161] Idem, ibidem.

mês e 10 dias, pela agravante de crime cometido contra descendente. Encontram-se presos.

Em pouco acurada análise, uma vez que outro livro poderia ser escrito tratando apenas da criminalidade feminina, suas causas desencadeantes, os tipos de crimes praticados, sua anatomia cerebral, e as causas sociais, psicológicas, antropológicas e sociológicas que levam ao crime, constata-se, sem maior esforço argumentativo, com base nos dados jurídicos disponíveis e nos exemplos referidos, que a mulher possui elevado grau de agressividade e coragem para o cometimento do homicídio ou do "crime de sangue", como é popularmente conhecido. Apenas não se envolve diretamente, quando possível, na ação executiva, mas exerce notável influência no parceiro do gênero masculino. Embora não sendo a mão que mata, é a mente que elabora e deseja o resultado pretendido. É a mentora, a articuladora, a autora intelectual do ilícito. É, portanto, tão autora da ação executiva quanto aquele que desfere os tiros, as facadas ou procede à esganadura.

Convém retornar ao ponto em que se afirma que são raros (ou inexistentes) os casos de assassinas seriais no Brasil. Todavia, as mulheres estão ingressando com força na criminalidade. Há dez anos, para cada cem homens delinquentes, encontrava-se uma mulher criminosa. Hoje, e a realidade dos processos assim o prova, para cada dez homens encontram-se duas ou três mulheres acusadas de crimes. Mas os delitos a ela atribuídos, de regra, são os crimes não violentos, como o furto isolado ou em continuidade delitiva, o estelionato, a apropriação indébita, a receptação.

No roubo, quando o comete, raramente é sozinha ou com uso de arma. O usual é sua atuação como autora quando a violência se constitui em empurrões, tapas ou ameaças verbais, ou como coautora ou partícipe em sentido estrito na ação executória praticada pelo comparsa masculino. A explicação pode estar no já afirmado anteriormente, ou seja, a menor predisposição do gênero feminino à possibilidade de vir a sofrer danos físicos ou a morte.

Quanto ao tráfico de drogas, é elevadíssimo o número de mulheres integrantes de associações criminosas, também conhecidas como facções. Tal fenômeno pode ser explicado pelo extraordinário avanço dessa forma delitiva, onde a mulher encontra seu lugar na habitualidade criminosa.

É raríssima a prática de crimes sexuais por mulheres. Não que elas não o cometam, mas o fazem em significativa inferioridade numérica com os homens. Se denunciadas, o são, na maioria dos casos, como coautoras por saberem da ação delitiva e calarem-se, ou por compactuarem com o homem para que o abuso sexual aconteça.

Quando autoras de homicídio, as razões podem ser encontradas no ciúme, no abandono por parte do companheiro, no cansaço pelas contínuas agressões sofridas por ele, ou na ganância.

De tal sorte, pode-se concluir que o estudo do cérebro humano, seus sistemas e interferências em todos os atos da vida do indivíduo percorreu um longo caminho para chegar às afirmações que os sentimentos exercem grande influência sobre a razão e parecem depender de um delicado sistema de múltiplos componentes que é indissociável da regulação biológica, preconiza Damásio.[162] E a razão parece depender de sistemas cerebrais específicos, alguns dos quais processam sentimentos. Assim, pode existir uma ligação "em termos anatômicos e funcionais entre razão e sentimentos e entre esses e o corpo".

Mas se deve dirigir o foco das preocupações à aceitação, quase sem nenhum esforço, de que a emoção não necessita de uma complexa maquinaria biológica e sociocultural.

Para António Damásio:

> Podemos encontrar o melhor exemplo dessa atitude na tentativa de explicar sentimentos magoados ou comportamentos irracionais por meio de causas sociais superficiais ou da ação de neurotransmissores, duas explicações que predominam no discurso apresentado pelos meios de comunicação visual e escrita, e na tentativa de corrigir problemas pessoais e sociais com drogas médicas e não médicas. É precisamente essa falta de compreensão da natureza das emoções e da razão (uma das características mais salientes da "cultura da queixa") que suscita alarme.

Damásio, com brilhantismo ímpar, utilizou-se de uma conhecida afirmação de Descartes, talvez a mais famosa da história da filosofia, tanto que tida como verdade universal, difundida unanimemente e de domínio público, do *"Penso, logo Existo"* para dar o magnífico título de sua obra *"O Erro de Descartes"*. Já à primeira vista, e ainda nas prateleiras das livrarias, o leitor, ao se deparar com tão surpreendente afirmação, tem a curiosidade aguçada. Afinal, qual o erro cometido por Descartes que mereceu um livro inteiro para explicá-lo? E o que tem a ver a *emoção*, a *razão* e o *cérebro humano* com este erro?

A "costura" ou a relação entre a mente e o corpo sempre foi objeto de questionamento entre os cientistas e filósofos. René Descartes foi um dos primeiros grandes pensadores a refletir sobre o tema. Para o filósofo e matemático francês, a mente e o corpo eram

---

[162] DAMÁSIO, António R. Op. cit., p. 276.

de naturezas distintas e se comunicavam por meio de espíritos. Além disso, toda a capacidade mental estava reduzida à glândula pineal, uma minúscula estrutura de 25 milímetros por 12 milímetros localizada no centro do cérebro.

A interpretação foi derrubada por completo apenas no século XX, quando os pesquisadores demonstraram cientificamente que a capacidade da mente está atrelada a diversas regiões cerebrais e não apenas à glândula pineal.

Para o neurologista português António Damásio,[163] até mesmo atributos como moral, emoção e caráter têm base física no cérebro.

E é justamente dele que se retira a explicação[164] de que,

[...] considerada literalmente, a afirmação ilustra exatamente o oposto daquilo que creio ser verdade acerca das origens da mente e da relação entre a mente e o corpo. A afirmação sugere que pensar e ter consciência de pensar são os verdadeiros substratos de existir. E como sabemos que Descartes via o ato de pensar como uma atividade separada do corpo, essa afirmação celebra a afirmação da mente, a "coisa pensante" (res cogitans) do corpo não pensante, o qual tem extensão e partes mecânicas.

No início da vida, os seres já eram seres e, num dado ponto da evolução, surgiu uma consciência incipiente e elementar, que foi a mente simples. Com a maior complexidade da mente veio a possibilidade de pensar e, ainda mais tarde na história da evolução, de usar linguagens para se comunicar e organizar pensamentos. Assegura o neurocientista:[165]

[...] quando nascemos e nos desenvolvemos, apenas existimos e só mais tarde pensamos: existimos e depois pensamos e só pensamos na medida em que existimos, visto o pensamento ser, na verdade, causado por estruturas e operações do eu.

Para Damásio, o monumental erro de Descartes reside na abissal separação entre o corpo e a mente, entre a substância corporal, divisível, com volume, dimensões e funcionamento mecânico, e a substância mental, indivisível, sem volume, sem dimensões e intangível. E a sugestão de que o raciocínio, o juízo moral e o sofrimento advindo da dor física ou agitação emocional poderiam existir independentemente do corpo.

O axioma *Penso, logo Existo,* de Descartes, deve ser substituído por *Existo, logo Penso,* da moderna concepção unitária de mente e corpo.

---

[163] DAMÁSIO, António R. Op. cit., p. 279.

[164] Idem, ibidem.

[165] Idem, ibidem.

3. O Direito Penal e a neurociência

> O que seria aquela sensação de força contida,
> prestes a arrebentar em violência, aquela sede
> de empregá-la de olhos fechados, inteira,
> com a segurança irrefletida de uma fera?
>
> *Clarice Lispector*

3.1. A estrutura do delito

O Direito Penal é o ramo do ordenamento jurídico que pretende resolver o conflito social gerado pela perpetração de delitos, protegendo os bens jurídicos mais importantes para a convivência em sociedade frente aos ataques significativamente relevantes à paz social, utilizando a restrição da liberdade ou de outros bens ou direitos daquele indivíduo que, com sua conduta, alterou ordem estabelecida e lesionou o direito dos demais.

Ao mesmo tempo em que protege a liberdade de todos os cidadãos, limita a liberdade geral de atuação – pois mediante a proibição de condutas delimita o contexto juridicamente possível de ação livre de consequências jurídicas negativas para quem as realiza – e também a liberdade dos culpados pela prática de delitos por meio da aplicação de penas. Encontra-se em jogo tanto a liberdade que se protege como a que se restringe.[166]

Bitencourt[167] assim o define: "O Direito Penal apresenta-se como um conjunto de normas jurídicas que tem por objeto a determina-

---

[166] Referências retiradas de MARQUES, Mateus. *Algumas Inquietações sobre as Contribuições da Neurociência em Relação aos Fins do Direito Penal*. Porto Alegre: Síntese, vol. 1, abr./maio, 2000, p. 112.

[167] BITENCOURT, Cezar Roberto. *Tratado de Direito Penal – Parte Geral*. 8ª ed. São Paulo: Saraiva, 2003, p. 2.

ção das infrações de natureza penal e suas sanções correspondentes – penas e medidas de segurança".

Conceituar o que é e para o que serve o Direito Penal é tarefa das mais simples. *Mutatis mutantis,* todos os doutrinadores, com palavras mais ou menos semelhantes, assim o definem. A adoção de um ou outro conceito dá-se mais por uma questão de gosto pessoal do que pela sua maior precisão técnica.

Desde que o Direito Penal venceu a fase puramente objetiva de suas origens, seu sistema veio a se constituir tendo em vista a ideia de *culpabilidade.* Nada mais justo, já que esta traz em seu bojo a possibilidade da aplicação da pena ao agente infrator. Sem culpabilidade não há pena, e a pena é o que justifica o caráter punitivo desse ramo do ordenamento jurídico, constituindo o justo castigo ao comportamento culpável.

Daí resultou o princípio de que *"não há pena sem culpabilidade.*[168] Determinadas a tipicidade e a antijuridicidade do fato, tem que se passar à culpabilidade do agente para concluir-se pela legitimidade da pena. A culpabilidade é, assim, um elemento estrutural do crime e não apenas *pressuposto* da pena.

A afirmação de que o crime é composto pela *tipicidade, ilicitude* e *culpabilidade* merece um aparte. Desde a reforma da Parte Geral do Código Penal em 1984, cindiu-se a doutrina quanto à conceituação original do crime amparada nos três elementos estruturais – tipicidade, ilicitude e culpabilidade – e parte dela passou a afirmar que bastavam a tipicidade e a ilicitude, passando a culpabilidade, simplesmente, a pressuposto da pena.

Nada mais incorreto. A tipicidade, a ilicitude e a culpabilidade são, no magistério de Bitencourt,[169] "predicados de um substantivo, que é a conduta humana definida como crime".

Pioneiro da defesa do afastamento da culpabilidade como integrante do delito, Dotti[170] afirma que

> [...] o crime como ação tipicamente antijurídica é causa da resposta penal como efeito. A sanção será imposta somente quando for possível e positivo o juízo de reprovação que é uma determinação sobre um comportamento passado, ou seja, um *posterius* destacado do fato antecedente.

---

[168] BRUNO, Aníbal. *Direito Penal – Parte Geral.* Rio de Janeiro: Forense, 1967, p. 23.
[169] BITENCOURT, Cezar Roberto. Op. cit., p. 278.
[170] DOTTI, René Ariel. *O Incesto.* Curitiba: Dist. Ghignone, 1976, p. 176.

Damásio de Jesus,[171] que até então entendia a culpabilidade como integrante do delito, mudou sua posição, passando a assumir a defendida por Dotti. O crime assim é apresentado como um todo unitário e indivisível, não contendo partes ou elementos. "A infração penal constitui um prisma em que o fato típico e a ilicitude aparecem como faces". Daí a conclusão do doutrinador de que o crime possui requisitos e não elementos.

A culpabilidade, para Damásio de Jesus,[172] é o juízo de reprovabilidade que incide sobre o sujeito, e não sobre o fato. *Não se trata de fato culpável, mas de sujeito culpável.* Culpabilidade, então, é um juízo de reprovação que recai sobre o indivíduo que praticou o delito, por isso é o *fato típico e antijurídico, sendo a culpabilidade pressuposto da pena.*

Em razão de sua natureza não integrativa das características do fato punível, a culpabilidade, segundo Damásio de Jesus, não é estudada na teoria do crime e sim na doutrina do delito e da pena.

O eminente doutrinador não está isolado em sua posição, que é adotada por alguns dos modernos estudiosos do Direito Penal, a exemplo de Júlio Fabbrini Mirabete, Walter Coelho e Luiz Flávio Gomes.

A conclusão a que se chega depois de compreender-se a concepção tripartida do crime (fato típico, ilícito e culpável) é a da impossibilidade de imposição de sanção a uma ação típica que não seja antijurídica, da igual impossibilidade de sancionar uma ação antijurídica que não se adequasse, por sua vez, a uma ação típica, e que a sanção penal, na forma de penas ou medida de segurança, nada mais é do que uma consequência jurídica do crime.

Perfeita, portanto, a assertiva de que para que o fenômeno do delito se manifeste tem-se que ter um fato que seja típico (previsto em lei), antijurídico (contrário a ela) e culpável, posição que melhor se adapta ao conceito e lugar em que se encontra a culpabilidade, segundo a posição que se adota no desdobramento deste estudo.

3.2. A problemática do livre-arbítrio

Vencido o problema inicial de conceituar o crime e definir em que lugar encontra-se a culpabilidade, deve-se enfrentar o ponto

---
[171] JESUS, Damásio Evangelista de. Op. cit., p. 7-8.
[172] Idem, p. 6.

nevrálgico do que é o livre-arbítrio, já que é um *elemento* da culpabilidade.

O livre-arbítrio, como fundamento da culpabilidade, tomando-se por base seu moderno conceito, é o responsável pela atual crise que enfrenta o Direito. Para o deslinde da questão, Welzel propõe dividir o tema sob três aspectos: *antropológico, caracterológico e categorial*.

No *plano antropológico*, diferentemente dos animais, o homem caracteriza-se negativamente por uma grande liberdade de formas inatas e instintivas de condutas, e positivamente pela capacidade de descobrir e realizar por conta própria a conduta adequada e correta através de atos inteligentes. "O homem é um ser responsável, ou, mais exatamente, um ser com disposição à responsabilidade", leciona Bitencourt.[173] Essa disposição à responsabilidade é o traço distintivo que o separa dos animais.

Os processos psicológicos sob os quais repousa a formação da vontade não obedecem às regras da natureza, depreende-se de Jescheck,[174] e sim seguem regras de determinação próprias, sendo que esta reside na capacidade do homem de controlar os impulsos que sobre ele incidem e de dirigir sua decisão segundo o conteúdo de sentido, valores e normas.

No *plano caracterológico*, a regulação dos instintos depende do próprio homem. O retrocesso das formas inatas de conduta e a aparição de um Eu como centro responsável fazem com que a estrutura anímica do homem tenha uma "pluralidade de capas". Uma "capa profunda" compreende os impulsos vitais de conservação da espécie e da autoconservação, as paixões, os desejos, as aspirações anímicas mais elevadas, as inclinações, os interesses, etc.,[175] procedentes dos instintos que afetam o Eu, o acolhem, o cativam, o arrastam e tratam de impulsioná-lo a uma ação, de modo que aparece como uma vítima passiva dos impulsos. Sobre estes "impulsos de capa profunda" se eleva ele mesmo, como centro regulador que os dirige conforme ao sentido e valor: os atos de pensamento, que se apoiam em razões lógico-objetivas e da vontade, que se orientam segundo o sentido e o valor. Não se trata de um suceder causal, externo, mas da direção dos impulsos anímicos.

---

[173] BITENCOURT, Cezar Roberto. Op. cit., p. 283.
[174] JESCHECK, Hans-Heinrich. *Tratado de Derecho Penal*, trad. Santiago Mir Puig e Francisco Muñoz Conde. Barcelona: Bosch, 1981, p. 559.
[175] Referências retiradas de WELZEL, Hans. *El Nuovo Sistema Del Derecho Penal*. España: Editora Ariel, 1964, p. 87.

Os instintos, ainda segundo Welzel,[176] podem ser dirigidos, segundo seu conteúdo de valor e sentido, para uma configuração de vida que vai além do momento atual. O suceder causal externo não é o objetivo final e sim os impulsos que incitam a sua realização. O que prevalece é o conteúdo do sentido e de valor desses instintos e não a idoneidade de meios para obter um fim.

Assim, pode-se afirmar que os atos da função do Eu se desenvolvem no âmbito do sentido e não da força causal: os motivos do pensamento e da vontade são as razões objetivas, não causais, nos quais se apoiam, conforme o sentido, os atos do pensamento ou da vontade.[177] É o controle de seus impulsos que dá ao indivíduo a responsabilidade que lhe é confiada depois do desaparecimento dos instintos biológicos.

No *plano categorial*, não se pode falar em determinismo tradicional sempre que ocorrer a anulação do sujeito responsável. Se o ato realizado não houver sido determinado por uma causa, o posterior ato não estaria vinculado ao anterior, nem de modo imediato nem através de um sujeito idêntico, em razão de que em outro caso já estaria determinado por algo. Isto é, o estado posterior daquele homem não deve ter relação com seu estado anterior.

Trata-se da liberdade da vontade e não da liberdade de ação. E prossegue o citado autor, enfrentando a difícil tarefa de compreender a estrutura interna de um objeto, dizendo que não se deve dar como resultado de conexões associativas anteriores e de quaisquer outros fatores causais, isto é, como resultado de um processo causal cego, mas, ao contrário, ela mesma se determina de um modo vidente, de acordo com o objeto que tem em vista.

> Os elementos do objeto e suas relações objetivas são as razões videntes nas quais o ato do pensamento apóia seus diversos passos. Não as causas cegas, como as conexões associativas, que determinam os passos do pensamento, mas este determina a si mesmo, de acordo com o conteúdo lógico-objetivo do estado das coisas que tem à vista.[178]

A liberdade que possui o homem implica uma finalidade cuja culpabilidade seja *livre decisão entre o bem e o mal*, e não ficar preso à coação dos impulsos, sendo que é capaz de autodeterminação conforme ao sentido.

---

[176] WELZEL, Hans. Op. cit., p. 88 e s.
[177] Idem, p. 284.
[178] Idem, p. 285.

Conclui-se, então, ainda com Welzel,[179] que:

> O Direito Penal não parte da "tese indeterminista" de que a decisão de cometer o delito proceda inteiramente, ou parcialmente, de uma vontade livre e não do concurso da disposição do mundo circundante. Parte do conhecimento antropológico de que o homem, como ser determinado à responsabilidade, está existencialmente em condições de dirigir finalmente (conforme ao sentido) a dependência causal dos impulsos. A culpabilidade não é um ato de livre autodeterminação, mas precisamente a falta de uma decisão conforme ao sentido em um sujeito responsável.

O livre-arbítrio pode ser definido, em linhas gerais, como a capacidade do homem de tomar decisões por conta própria. Significa as escolhas que um indivíduo faz na vida, as decisões que toma. Essas escolhas e decisões são permeadas pelo consciente.

O conceito de livre-arbítrio é identificado, em uma dimensão filosófica e religiosa, enquanto capacidade de escolha pela vontade humana entre o bem e o mal, entre o certo e o errado, conscientemente conhecidos.

Em oposição ao livre-arbítrio, importa citar a teoria filosófica do *determinismo*, que entende que todo o acontecimento, inclusive mental, é explicado pela determinação, ou seja, por relações de causalidade. Ou, em outras palavras, no determinismo o modelo de sujeito não é concebido como agente moral, e sim como uma entidade natural. O homem é destituído de liberdade de decidir e influir nos fenômenos em que toma parte. Rejeita, portanto, a ideia de que possui algum livre-arbítrio, admitindo a liberdade como ausência de determinação causal.[180]

Santo Agostinho tem na análise do livre-arbítrio um de seus principais pontos de estudo. O teólogo busca revelar uma causa para o mal, após concluir que sua origem está vinculada à liberdade da vontade humana.[181] A tese agostiniana do livre-arbítrio consiste basicamente na existência dos conceitos de liberdade e vontade livre, afirmando que "ninguém é responsável pelo que não recebeu. Contudo, é culpado, com justiça, se não fizer o que devia. Ora, é dever fazê-lo quem recebeu uma vontade livre e uma capacidade suficientemente grande para isso".[182]

---

[179] WELZEL, Hans. Op. cit., p. 286.
[180] FRANÇA, S.J. Leonel, *Liberdade e Determinismo – A Orientação da Vida Humana*. Rio de Janeiro: Agir, 1954, p. 57-58.
[181] Referências retiradas de GORGA, Maria Luiza; MARCHIONI, Guilherme Lobo. Liberdade da Vontade, Neurociência e Culpabilidade. São Paulo: *Revista Brasileira de Ciências Criminais*. Ano 23, Vol. 114, maio-junho/2015. p. 100-101.
[182] AGOSTINHO, Santo. *Solilóquios e a Vida Feliz*. Trad. Nair de Assis Oliveira. São Paulo: Paulus, 1998, p. 67.

Como fundamento da culpabilidade, o livre-arbítrio tem sido bombardeado por seus opositores, que lhe creditam uma errônea importância na problemática da estrutura do delito.

Welzel[183] entende como vontade somente como aquilo que depende da vontade do homem e que lhe pode ser reprovado. Assim, a reprovação da culpabilidade pressupõe que o autor teve a oportunidade de adequar sua resolução de vontade ao Direito e não o fez. Afirma que isto não deve ser tomado

> [...] em sentido abstrato de que algum homem em lugar do autor faria outra coisa, mas sim em sentido concreto de que este homem, nesta situação, poderia adotar sua resolução de vontade de acordo com a norma.

E, prossegue o doutrinador,[184] que este homem

> [...] não pode ser unicamente objeto de seus impulsos, mas deve ter a capacidade de compreender o impulso do conhecimento como tarefa plena de sentido, que deve ser afirmada frente aos impulsos contrários, isto é, assumir a responsabilidade pelo ato de conhecimento.

Das justificativas para a problemática do livre-arbítrio no campo Penal, especialmente da análise do tema sob os aspectos antropológico, caracterológico e categorial, observam-se inúmeras menções a "Eu", inconsciente, consciente, instintos, emoções primárias e emoções elevadas, entre outras. Para que a proposta deste trabalho siga seu fio condutor, é impossível deixar de associá-las à psicanálise, especialmente no que se refere às três estruturas fundantes da personalidade – o *id*, o *Eu* e o *super-Eu* (id, ego e superego).

Daí por que não se pode pensar em compartimentos estanques do conhecimento humano. Da sociologia à filosofia, da antropologia à psicologia, da psicanálise à neurociência, da neurociência ao direito, e da união de todas elas em estreita ligação umas com as outras, fundamenta-se uma base teórica e cultural que permitirá a melhor compreensão de quaisquer áreas em que se pretenda atuar ou conhecer com segurança.

Quando da abertura deste livro, optou-se por partir de uma visão criminológica do crime, seguindo-se no gradual ingresso na psicanálise de Freud e Lacan e o entremeamento delas com a neurociência e finalmente com o Direito Penal, o que se mostrou caminho mais lógico para o deslinde de tão desafiadora abordagem – a mente humana.

---

[183] WELZEL, Hans. Op. cit., p. 84.
[184] Idem, p. 101.

Até a reforma da Parte Geral do Código Penal, adotava-se a teoria mecanicista da ação, à qual se filiaram os maiores doutrinadores à época. Daí surgiu a corrente positivista com o intuito de situar a culpabilidade no conceito de crime.

Pelo preciosismo de sua formulação, especialmente fundamentada por Bettiol, merece menção, já que traz conceitos importantes para se determinar o que significa liberdade de agir de acordo com os ditames legais.

A corrente positivista afirma que toda a questão que tenha um fundo filosófico é prescindível. Nega a liberdade e, portanto, a dignidade da pessoa humana quando afirma que o homem é sempre condicionado à ação. A liberdade seria uma utopia, um sonho de mente idealista, uma tentativa falida de evasão do jogo cerrado das leis e sobretudo da lei da causalidade.[185] Cada fenômeno físico ou psíquico é o efeito de um certo número de antecedentes que necessariamente o determinam. Também assim o ato de vontade. O homem pode julgar-se livre apenas enquanto ignora os elos que unem o seu querer à série de fenômenos antecedentes e concomitantes ao seu próprio agir.

E, prossegue Bettiol,[186] que

[...] se tivesse conhecimento de tudo isto, perceberia que a consciência da própria liberdade é uma verdadeira ilusão que o atormenta do berço ao ataúde, é a zombaria mais atroz lançada pelo destino que tudo predispôs.

A verdade, segundo os positivistas, é que o homem nunca se liberta dos componentes externos de seu atuar, nem dos componentes internos, por ser um fruto da constituição e do ambiente e agir sempre indicado por esses fatores.

Não se trata de um determinismo grosseiro e mecânico, continua o renomado doutrinador,[187] que se invoca para eliminar o livre-arbítrio do campo penal, e sim de um determinismo refinado, de natureza psicológica, afirmando-se ali que qualquer componente, seja interno seja externo, se reflete na psique do sujeito, impelindo-o à ação. Mas o determinismo mecânico ou psicológico é sempre determinismo, em cuja lógica não há lugar para uma valoração moral das ações: ao juízo de moralidade ou de imoralidade se substitui o de utilidade ou lesividade social da ação.

---

[185] Cf. BETTIOL, Giuseppe. *Direito Penal*. São Paulo: Editora Revista dos Tribunais, 1971, p. 47.
[186] Idem, ibidem.
[187] Idem, ibidem.

Bettiol[188] aceita que toda ação é determinada, pode ser prevista, e, porque prevista, pode ser oportunamente evitada. O papel de uma legislação criminal seria, então, o de predispor os meios mais idôneos para eliminar os delitos, agindo no momento oportuno para afastar suas causas. A pena, mesmo na hipótese em que poderia ser mantida, não deveria ser orientada para o passado, mas voltar-se para o futuro. Deveria ser meio de prevenção de crimes futuros e não retribuição por um crime já praticado.

Com a evolução da neurociência, mais agudamente se manifestou a indagação sobre a existência ou não de uma vontade livre, que nada mais é do que o livre-arbítrio.

De forma sintética, conforme reflexões de Alexandre Morais da Rosa e Salah Khaled Jr.,[189] o livre-arbítrio estaria sendo posto em xeque diante da "nova imagem do humano" projetada pela neurociência, no qual a culpabilidade e a responsabilidade não teriam mais lugar.

Citando Kruger,[190] referem que não seria exagero afirmar que a concepção de sujeito humano da neurociência põe em questão boa parte das premissas essenciais ao funcionamento do delito contemporâneo e o faz a partir de uma linguagem que se mostra praticamente ininteligível para a dogmática jurídico-penal.

E na mesma linha de pensamento, Willaschek[191] conclui que

[...] nós, homens, somos parte do mundo natural. Nós estamos sujeitos às leis da natureza e nossas ações são processos e fatores naturais: nosso patrimônio, nossa educação e socialização, bem como os complexos processos neurológicos em nosso cérebro. Disso deduzem alguns neurocientistas a tese de que a ideia de livre-arbítrio é uma mera ilusão, cuja realidade é comprovada pela pesquisa neurobiológica.

Infere-se, outrossim, que se trata nada menos do que uma nova imagem do humano; o entendimento tradicional do humano, de que é responsável pelo seu próprio fazer, deve ser substituído por uma imagem do sujeito que pode conviver sem conceitos como responsabilidade, merecimento e culpabilidade, pois seriam aplicáveis somente se o homem dispusesse de livre-arbítrio.

---

[188] BETTIOL, Giuseppe. Op. cit., p. 48
[189] ROSA, Alexandre Morais da; KHALED JR, Salah. *A culpabilidade jurídico-penal diante do "novo sujeito" da neurociência*. São Paulo: Carta capital, 2017, p. 2.
[190] KRUGER, Jürgen. Neurociência e livre-arbítrio: sobre a vinculação entre a consciência e seus fundamentos neurológicos. In: *Politische meinung*, 2004, nº 420. p. 27.
[191] WILASCHEK, Markus. A vontade livre – um fato da vida prática por que a pesquisa cerebral não pode colocar em questão o livre-arbítrio? In: *Forsuchung Frakfurt*, 4/2005, p. 26.

Reforçando as ideias expostas por Kruger e Willaschek, Günther[192] sustenta que se nossas decisões são predeterminadas de maneira absolutamente causal por meio de processos neurológicos, não resta nenhum espaço para o livre-arbítrio. E se a vontade não é livre, então um autor também não pode ser responsável por um crime, pois ele não poderia agir de outra forma naquela mesma situação e, portanto, também não poderia ter omitido o crime. Conclui dizendo que "se a tão fundamental liberdade da pessoa é colocada em questão, sem dúvida o Direito, como um todo, é colocado na mesma situação".

Podem-se refutar esses entendimentos, no que afeta ao direito, e mais especificamente ao direito penal, com algumas argumentações. A primeira delas é a de que direito penal e neurociência, apesar de centrarem seus estudos no mesmo objeto, o homem, o fazem com diferentes miradas. O direito penal é essencialmente pragmático e dogmático. Sua existência deve-se ao fato de que, sem ele, instalar-se-ia o caos social e o retorno à barbárie. A vida, a integridade física e o patrimônio precisam ser preservados. A repressão da criminalidade protege os demais membros da comunidade humana, e harmoniza a sociedade, evitando a vingança privada, muitas vezes desproporcional e arbitrária. Tanto é necessária sua existência que, mesmo nas mais primitivas sociedades, algumas formas de repressão dos instintos e do equilíbrio social foram estabelecidas, a exemplo do exposto quando da análise da constituição do *totem* e do *tabu*.

A neurociência busca entender os sistemas cerebrais e o papel que desempenham na vida a ser vivida por aquele ser humano. O que o move a determinados caminhos e que elementos bioquímicos atuam em seu organismo, levando pela corrente sanguínea os hormônios, as enzimas e os peptídeos que o tornam quem ele é e as reações que tem ou poderá ter em decorrência de sua condição anatômica.

A segunda é a de que o conceito e o significado do livre-arbítrio não é especificamente matéria a ser trabalhada no direito penal. Pertence originariamente à filosofia e à religião. Dele serviu-se esse ramo do Direito para conferir maior segurança à aferição da culpabilidade, definindo o atuar do sujeito na escolha livre e consciente daquilo que mais lhe conveio e atribuindo-lhe culpabilidade, responsabilidade e imputabilidade.

---

[192] GÜNTHER, Klaus. Responsável pelos próprios atos? O direito penal e o conceito de culpabilidade – uma velha discussão com novos impulsos. In: *Forschung Frankfurt*, 4/2005, p. 26.

A terceira baseia-se no fato de que, conforme referido em linhas anteriores, no sequenciamento do genoma humano, muito ainda há que se descobrir. Nada obsta que, daqui a poucos ou muitos anos, uma certa combinação do alfabeto genético contenha a base para a predisposição à criminalidade, como também para a predisposição à ausência de vontade livre, que nada mais é do que o livre-arbítrio.

Em quaisquer dos casos, dependendo do que a neurociência vier a descobrir, somente duas saídas se descortinam para o direito penal e nenhuma delas conduz à sua extinção: a imputabilidade ou a inimputabilidade. Uma terceira via, hipotética, de que todos os indivíduos da espécie humana possuiriam o gene da violência ou o gene da ausência de vontade livre, é inadmissível. Assim como não existem dois indivíduos iguais, também não existem dois funcionamentos cerebrais iguais. Isso não se encontra nem em gêmeos univitelinos, pois esses sequer têm as impressões digitais iguais.

Não é sem razão que em todos os textos, livros, tratados e ensaios em que se refere a culpabilidade apareça a problemática do livre-arbítrio. Tanto é um problema, que os positivistas, a exemplo de Bettiol, a refutava. Hungria se recusava a abordar a temática, dizendo que não era matéria afeta ao direito penal.

A teoria exposta pelo professor alemão Günther Jakobs[193] parece resumir a impossibilidade do desaparecimento do crime e do Direito como um todo ao afastar-se da necessidade de definir a real existência ou não do livre-arbítrio, defendendo que a justificação da intervenção penal e, portanto, da culpabilidade do indivíduo, é a responsabilidade deste por não se deixar levar ao delito. Assim, caso o sujeito pratique o fato típico e antijurídico, deve suportar os custos advindos desse delito e de tudo o mais que lhe corresponda.

Entende-se, sem dúvidas ou outros questionamentos, que o livre-arbítrio é apenas a metáfora da vontade, não fruto das ciências naturais, mas uma construção normativa que visa a conduzir a orientação social, daí por que a desnecessidade de determinação a respeito da real existência de uma liberdade de vontade.

Não se fecham as portas a novas descobertas do funcionamento cerebral que venham a interferir no que até então é tomado como certo. Mas em nada afetará o direito penal enquanto ciência própria

---

[193] JAKOBS, Günther. Indivíduo e pessoa: imputação jurídico-penal e os resultados da moderna neurociência. In: DINIZ, Eduardo Saad; ORTS, Miguel Polaino. *Teoria da pena, bem jurídico e imputação*. São Paulo: LíberArs, 2012, p. 35.

e específica. O direito penal, sem perder sua essência, deverá retirar da neurociência a melhor compreensão de como os sistemas e a bioquímica cerebrais de cada transgressor devem ser entendidos; a psicanálise também deverá vir em auxílio do direito porque é da construção da personalidade, que se dá através do discurso social e cultural, que determinado indivíduo, àquele ao qual o direito penal se dirige, deve ser analisado. Da antropologia, fica a interrogação quanto à verdadeira existência do criminoso nato.

Cada ciência com o seu objeto, seu objetivo e finalidade. Cada indivíduo sob o olhar de todas elas.

3.3. A posição da culpabilidade na estrutura do delito

A sistematização atual do conceito da culpabilidade é recente. Refere Bitencourt[194] que, em meados do século passado, com Adolf Merkel e, especialmente, com Binding, foram lançados os primeiros delineamentos das definições e estruturação contemporâneas da culpabilidade. Estas vieram na forma da *teoria psicológica da culpabilidade*, da *teoria psicológico-normativa da culpabilidade*, chegando, enfim, à *teoria normativa pura da culpabilidade*, adotada atualmente.

A teoria psicológica da culpabilidade tem estreita ligação com o naturalismo causalista e o positivismo do século XIX, e reduz, segundo Von Liszt,[195] a ação a um processo causal originado do impulso voluntário.

Assim, a "culpabilidade é a responsabilidade do autor pelo ilícito que realizou", ou seja, relação subjetiva entre o autor e o fato.

Dolo e culpa, segundo essa teoria, eram as duas únicas espécies de culpabilidade e também a totalidade da culpabilidade, uma vez que esta não apresentava nenhum outro elemento constitutivo. A *imputabilidade*, entendida como a capacidade de ser culpável, era o pressuposto da culpabilidade.

A culpabilidade, então, seria uma ligação anímica, psíquica entre o agente e o fato criminoso. Essa ligação anímica nada mais era que o vínculo psicológico a ligar o autor ao resultado produzido.

Somente o *erro* e a *coação* poderiam afastar a culpabilidade, já que o elemento volitivo (dolo) era puramente psicológico.

---

[194] BITENCOURT, Cezar Roberto. Op. cit., p. 286 e s.
[195] LISZT, Franz Von. *Tratado de Derecho Penal*, vol. 2. Madrid: Ed. Réus, 1927, p. 375.

A maior dificuldade dessa teoria, e o que levou a seu abandono, certamente foi a configuração de um conceito abrangendo o dolo e a culpa, especialmente a culpa inconsciente. Perfeitamente decifrado por Damásio de Jesus,[196] "como é que um conceito normativo (culpa) e um conceito psíquico (dolo) podem ser espécies de um denominador comum?".

Outro problema enfrentado era a dificuldade de explicar a *gradualidade da culpabilidade*, isto é, a ocorrência de causas que excluíam ou diminuíam a responsabilidade penal, a exemplo do estado de necessidade exculpante, emoções, embriaguez, onde a presença do dolo é evidente. Nessas circunstâncias, defende Bitencourt,[197] apesar do nexo psicológico entre o autor e o resultado representado pelo dolo, não há culpabilidade. Esse aspecto somente poderia ser explicado se se renunciasse, prossegue Bitencourt,[198] citando Juan Córdoba Roda, à identificação da culpabilidade com o *vínculo psicológico* entre o autor e o seu ato.

Portanto, diante da ineficiência da teoria psicológica em explicar a culpabilidade, já que não a conceitua e apresenta apenas um de seus elementos, era inevitável o surgimento de um "conceito integral" de culpabilidade, que foi apresentado pela teoria *psicológico-normativa*, conservando elementos de natureza psicológica.

Essa teoria, concebida por Reinhard Frank,[199] tinha a culpabilidade como *reprovabilidade*, sem afastar-lhe o dolo e a culpa. O momento psicológico que se exprime no dolo ou na culpa não esgota todo o conteúdo da culpabilidade, admitia Frank, que também precisa ser *censurável*.

O estado normal das circunstâncias em que o autor atua é elemento da culpabilidade. Já o estado anormal afastaria a reprovabilidade. Então, a culpabilidade seria ao mesmo tempo uma relação psicológica e um juízo de reprovação.

Vários doutrinadores contribuíram para o aprofundamento dessa teoria,[200] mas coube a Mezger ser seu maior difusor. Para ele, a culpabilidade é tanto um determinado conteúdo quanto um juízo de valor sobre esse conteúdo. É pois, o conjunto daqueles pressu-

---

[196] JESUS, Damásio Evangelista de. Op. cit., p. 400.
[197] BITENCOURT, Cezar Roberto. Op. cit., p. 289.
[198] Idem, ibidem.
[199] FRANK, Reinhart. *Sobre la Estructura del Concepto da Culpabilidad*. Buenos Aires: Júlio César Faria, 2002.
[200] Referências retiradas de BITENCOURT, Cezar Roberto, que cita James Goldschmidt e Berthold Freudenthal. Op. cit., p. 293.

postos da pena que fundamentam, frente ao sujeito, a reprovabilidade pessoal da conduta antijurídica. A ação aparece, por isso, como expressão juridicamente desaprovada da personalidade do agente.

Assim, segundo a teoria psicológico-normativa, para haver dolo, como elemento da culpabilidade, fazia-se necessário que o agente quisesse praticar um fato típico e ilícito, com a consciência da antijuridicidade desse fato, isto é, sabendo que estava contrariando a ordem jurídica. Dessa forma, acrescenta Bitencourt,[201] "o dolo deixava de ser puramente psicológico (natural), passando a ser um dolo híbrido: psicológico (vontade e consciência) e normativo (consciência da ilicitude)".

A crítica que se faz a essa teoria e prontamente reconhecida e apontada pelo próprio Mezger, diz respeito ao criminoso habitual ou por tendência. Esse, em virtude de seu meio social, porque se criava em um ambiente em que determinadas condutas ilícitas eram normais e esperadas pelo seu entorno, não possuía a *consciência da ilicitude* indispensável à existência do dolo. Se aquele indivíduo agia sem dolo por ausência da consciência da ilicitude e sendo esse elemento ou requisito da culpabilidade, então só se poderia concluir que era inculpável, que agia sem culpabilidade.

A situação que se criava era paradoxal, nas palavras de Bitencourt.[202] A culpabilidade era excluída justamente daquele indivíduo que apresentava o comportamento mais censurável.

Para resolver o problema, Mezger reformulou sua teoria acrescentando-lhe o adendo da *culpabilidade pela condução de vida*, que nada mais é do que trazer o núcleo da culpabilidade não para o fato, mas para o autor, levando-se em conta, para a censura, o que *ele é* e não o *que faz e como faz*. A falta de lógica de uma teoria voltada exclusivamente para o autor pode levar ao arbítrio estatal, como de fato levou na Alemanha nazista, com a intervenção indevida do estado no modo de ser do indivíduo.

Surge, então, a *teoria normativa pura da culpabilidade*, baseada numa das mais caras contribuições da teoria finalista iniciada pelo *normativismo neokantiano*. Foram extraídos da culpabilidade todos os elementos subjetivos que a integravam até então, dando origem

---

[201] BITENCOURT, Cezar Roberto. Op. cit., p. 293.
[202] Idem, ibidem.

a uma concepção normativa "pura" da culpabilidade, a primeira concepção verdadeiramente normativa, segundo Maurach.[203]

Como o finalismo desloca o dolo e a culpa para o injusto, retirando-os de sua tradicional localização, a culpabilidade, a finalidade é levada ao centro do injusto. Como consequência, assegura Bitencourt,[204] na culpabilidade concentram-se somente aquelas circunstâncias que condicionam a reprovabilidade da conduta contrária ao Direito, e o objeto da reprovação repousa no injusto.

Segundo o magistério de Bitencourt:[205]

> As consequências que a teoria finalista da ação trouxe consigo para a culpabilidade são inúmeras. Assim, a separação do tipo penal em 'tipos dolosos' e 'tipos culposos', o dolo e a culpa não mais considerados como 'formas ' ou 'elementos' da culpabilidade, mas como integrantes da ação e do injusto pessoal, constituem o exemplo mais significativo de uma nova direção no estudo do Direito Penal, num plano geral, e a adoção de um 'novo conteúdo' para a culpabilidade, em particular.

De acordo com a concepção finalista, são elementos que integram a culpabilidade a *imputabilidade*, o *potencial conhecimento da ilicitude*, a *exigibilidade de obediência ao Direito*.

Analisa-se brevemente cada um deles.

Sendo a culpabilidade a reprovabilidade da conduta que é típica e antijurídica, para se referir à culpabilidade do agente é imprescindível aferir se ele poderia ter agido de acordo com o Direito.

Primeiramente, e para que se possa alcançar o perfeito entendimento do que é culpabilidade, deve ser feito um juízo de *imputabilidade*, que é a análise sobre se o agente possui a capacidade psíquica necessária para lhe permitir a antijuridicidade (ilicitude) de sua conduta. A imputação diz respeito, portanto, à condição psíquica pessoal do agente de compreender o caráter ilícito de um determinado fato e de se determinar de acordo com essa compreensão.

Além da imputabilidade, exige-se para o juízo de reproche que o agente tenha a possibilidade de conhecer a antijuridicidade de sua conduta, se pode, mediante um esforço intelectual, conhecer a ilicitude de um determinado comportamento, não o realizando em prol da prática de um fato conforme ao direito.[206] Também é necessário, a par da imputabilidade e da possibilidade de conhecimento da ili-

---

[203] MAURACH, Reinhart. *Derecho Penal*, Vol. 1. Trad. Jorge Bofill Genzch e Enrique Aimone Gibson. Buenos Aires: Ed. Ástrea, 1994.

[204] BITENCOURT, Cezar Roberto, Op. cit., p. 295.

[205] Idem, p. 296.

[206] Cf. PACELLI, Eugênio, CALLEGARI, André. *Manual de Direito Penal – Parte Geral*. São Paulo: Atlas, 2015, p. 215.

citude do fato, que o agente, diante das circunstâncias concretas, tenha a possibilidade de agir de modo diverso à prática do ilícito penal, se lhe é possível exigir conduta diversa da realizada.

Francisco de Assis Toledo[207] leciona que "não se pode permitir um juízo de reprovação em relação ao agente que, ao cometer o fato, não sabia nem tinha a possibilidade de saber o exato significado daquilo que fez".

Zaffaroni e Pierangeli[208] afirmam que a culpabilidade somente pode ser edificada sobre a base antropológica da autodeterminação como capacidade do homem. Quando se suprime esta base, desaparece a culpabilidade, seja com a sua substituição pela periculosidade, seja porque é reduzida a uma relação psicológica que não é culpabilidade, e, sim, o aspecto interno do injusto. Em qualquer dos casos, a culpabilidade como tal desaparece.

O conceito de *periculosidade*, embora não constitua elemento da culpabilidade, também merece acolhida, pois que naturalístico, baseado num cálculo de probabilidade alusivo à possibilidade, ou melhor, à probabilidade de que um indivíduo possa cometer um crime. A possibilidade é de todos; a probabilidade, apenas de alguns, segundo Bettiol.[209]

Isso não significa, porém, como alguns consideram, que a possibilidade de delinquir equivalha à capacidade de delinquir. Assim, não se afasta ainda da lógica do cálculo naturalístico da probabilidade. É a periculosidade que se fundamenta sobre esse cálculo, graças ao princípio de que um fenômeno pode ser determinado *a priori* conhecendo-se suas causas. Para evitar sua ocorrência não há outro caminho que não seja agir sobre as causas para torná-las de todo inócuas.

A periculosidade pode ser, portanto, eliminada desde que no momento oportuno se atue sobre as condições que concorrem para determiná-la, porquanto se considera a periculosidade como "o complexo de condições, subjetivas e objetivas, sob cuja ação é provável que um indivíduo cometa um fato socialmente lesivo ou perigoso".[210]

---

[207] TOLEDO, Francisco de Assis. *Princípios Básicos do Direito Penal*. 5. ed. São Paulo: Saraiva, 2010, p. 251.

[208] Cf. ZAFFARONI, Eugenio Raúl; PIERANGELI, José Henrique. *Manual de Direito Penal Brasileiro – Parte Geral*. 2. ed. São Paulo: Ed. RT, 1999, p. 522.

[209] Ref. BETTIOL, Giuseppe. *Direito Penal*. Vol. II. São Paulo: Revista dos Tribunais, 1969, p. 28.

[210] Idem, ibidem.

Trata-se, pois, não apenas de condições que dizem respeito à pessoa do agente, à sua constituição física ou psíquica, mas que se referem também ao ambiente no qual ele vive, desde que não se acabe desta forma por focalizar, além do limite, tais condições ambientais, a ponto de considerá-las quase estranhas à personalidade criminológica do indivíduo.

Talvez ainda remanesça a necessidade de melhor explicar a imputabilidade devido à visível dificuldade na compreensão clara dos conceitos. Para tanto, recorre-se a Carrara,[211] que com maestria explica que *imputação* é a atribuição de alguma coisa a alguém, coisa esta já acontecida; *imputabilidade* é o juízo sobre um fato previsto como possível, mas ainda não ocorrido. Imputabilidade, portanto, é uma ideia, um conceito; imputação, uma realidade. Pena e imputação não são palavras sinônimas, apesar da confusão que envolve os dois institutos. A teoria da pena focaliza o delito em sua vida externa, observando-a em suas relações com a sociedade civil que necessita de tutela jurídica. A teoria da imputação considera o delito nas suas puras relações com o agente. Pode haver imputação do agente e a não aplicação da pena, mas nunca poderá haver pena sem a prévia imputação do agente.

É de todo conveniente traçar a distinção entre *imputabilidade moral, imputabilidade política e imputabilidade civil*, pois só assim poderá compreender-se a *imputabilidade* e a *inimputabilidade*.

A pessoa, ao dar causa material a um fato cometendo um delito, causa-o também *moralmente*, realizando uma conduta de forma voluntária e por esta conduta é moralmente responsável. É a *imputabilidade moral*. A *imputabilidade política* surge quando a pessoa que realiza a conduta é por ela responsabilizada perante a sociedade, representada pelo legislador. Surge a *imputabilidade civil* quando a pessoa é responsável perante a sociedade pela conduta que já realizou. Apenas o juiz pode emitir o juízo sobre a imputação civil.

Em razão desses conceitos, pode-se afirmar que a imputabilidade moral é a que nasce das leis de responsabilidade humana; a imputação política (ou incriminação) é a que nasce da proibição; a punibilidade é a que nasce da sanção.

Prossegue Carrara afirmando que, quando o juiz *imputa* a alguém uma ação previamente declarada típica e ilícita, ação esta

---

[211] CARRARA, Francesco. *Programma Del Corso di Diritto Criminale.* Vol. III, Firenze, Itália: Casa Editrice Libreria "Frateli Commeli", 1912, p. 40.

politicamente imputável, portanto, a tal imputação chegou proveniente de três diferentes juízos:

> [...] encontra naquele indivíduo a causa material do ato e lhe diz – fizeste – imputação física. Acha que aquele indivíduo praticou tal fato com vontade inteligente e lhe diz – fizeste voluntariamente – imputação moral. Verifica se aquele fato era proibido pela lei da cidade e lhe diz – obraste contra a lei – imputação legal. É apenas em consequência dessas três proposições que o magistrado pode declarar ao cidadão – eu te imputo tal fato como delito.[212]

Jiménes de Asúa[213] dedicou um capítulo específico à distinção entre *culpabilidade, imputabilidade* e *responsabilidade*, tal a importância que os conceitos adquirem para os estudiosos e aplicadores do Direito Penal.

E é dele que se retira que a *imputabilidade* distingue-se da *responsabilidade*, apesar de serem expressões que se costuma usar de forma promíscua, assim como se distingue de *imputação*. Esta é uma expressão técnico-processual e significa um ato do procedimento penal pelo qual se acusa alguém para que responda por um delito praticado em conformidade com a lei penal e perante um juiz competente. A *responsabilidade penal* é a sujeição a sofrer uma pena por causa de um delito. Por ele se é penalmente responsável quando todas as condições materiais e morais previstas pela lei como essenciais de um delito encontrem-se no fato imputado. A imputabilidade é um pressuposto da responsabilidade penal. Trata-se da possibilidade de ser imputado por um delito ou ser penalmente responsável por uma conduta, e consiste naquelas condições psíquicas que a lei considera como necessárias em cada indivíduo no momento do fato a fim de que este possa ser-lhe imputado como delito. A imputabilidade é o antecedente necessário da responsabilidade.

Duas expressões são muito utilizadas quando se conceitua a culpabilidade: a capacidade de entender e a capacidade de querer.

Segundo Bettiol,[214] neste momento entra-se realmente no coração do direito penal para onde convergem e de onde partem as várias correntes doutrinárias. Quando se fala de capacidade de entender e de querer, ou seja, de imputabilidade (culpabilidade), pretende-se aludir ao homem enquanto dotado de *personalidade moral*. Depois de haver conduzido o direito penal a seus principais valores

---

[212] CARRARA, Francesco. Op. cit p. 40.
[213] ASÚA, Luis Jiménes de. *Tratado de Derecho Penal*. Tomo V. Buenos Aires: Argentina, Losada, Cuarta Edicion, 1950, p. 41-42.
[214] BETTIOL, Giuseppe. Op. cit., p. 44.

éticos, seria um absurdo negar, no âmbito de uma visão teleológica, que o homem pudesse ser medido como um "valor". O homem é, por excelência, um valor, enquanto pessoa, um ser vivente que atua para a consecução de fins morais. O homem não é, como um bruto, um ser para o qual o mundo se circunstancia ao jogo obscuro e simples dos instintos, mas é um ser aberto para o mundo, de modo a poder entender o nexo que subsiste entre as coisas, podendo sobrepor-se com a própria inteligência e a própria vontade à ação das causas mecânicas e à manifestação dos instintos.

O direito penal desaparece ou persiste[215] segundo se negue ou se admita a realidade de que um homem não pode considerar outro homem como simples meio para satisfazer suas necessidades, sejam de que ordem forem. E a pena pode ser justificada quando se reconhece que o indivíduo agiu com liberdade, como uma pessoa moral.

3.4. A história evolutiva da pena e as circunstâncias judiciais do artigo 59 do Código Penal

Como a pena é consequência do crime, urge que se proceda à análise de sua história e evolução, bem como de seus fins, acertos e erros.

Diz Bitencourt,[216] acertadamente, que "a prisão é uma exigência amarga, mas imprescindível".

E Ferrajoli[217] acrescenta que "la historia de las penas es sin duda más horrenda e infamante para la humanidad que la própria historia de los delitos".

Para Bettiol,[218]

se é verdade que o Direito Penal começa onde o terror acaba, é igualmente verdade que o reino do terror não é apenas aquele em que falta uma lei ou impera o arbítrio, mas é também aquele onde a lei ultrapassa os limites da proporção, na intenção de deter as mãos do delinquente.

Por mais que se volte o olhar para o passado ou o alce ao futuro, nada conduz à conclusão da abolição da pena. Pode-se vis-

---

[215] BETTIOL, Giuseppe. Op. cit., p. 46.
[216] BITENCOURT, Cezar Roberto. Op. cit., p. 407.
[217] FERRAJOLI, Luigi. *Derecho y Razón. Teoria Del Garantismo Penal*. Viladolid: Editorial Trotta, 1997, p. 385-386.
[218] BETTIOL, Giuseppe. *O Problema Penal*. Coimbra: Coimbra Editora, 1967, p. 287.

lumbrar o movimento para sua reforma, o que talvez se afigure o melhor caminho a ser seguido, graças aos constantes sinais emitidos de falência do sistema prisional existente, que não ressocializa, não reinsere e não humaniza o criminoso.

Mas contar a história evolutiva da pena não é tarefa fácil e talvez constitua uma das mais árduas tarefas a que o Direito se propõe deslindar.

Não serão as dificuldades em se situar a evolução da pena na história da humanidade que levarão à desistência de tal enfrentamento. Exatamente essas dificuldades é que constituirão a base para uma pesquisa mais aprofundada que certamente conduzirá às mais relevantes descobertas.

Desde Lombroso até hoje, o "epicentro das elucubrações criminológicas e penitenciárias procura elucidar as distintas formas em que os atos do homem delinquente foram puníveis, atendendo mais ou menos aos períodos da História da Humanidade".[219]

E a humanidade testemunhou, e ainda testemunha, toda sorte de atrocidades camufladas ou rotuladas como penas – bastando lembrar o apedrejamento até a morte e a larga utilização em alguns países da pena capital, não obstante os esforços internacionais para sua eliminação.[220]

Pode-se acompanhar a evolução da maneira de encarar e combater as manifestações criminosas no curso da história seguindo a linha das ideias debatidas no campo do pensamento jurídico-penal; não que as teorias dominassem os costumes ou os orientassem, mas porque as concepções vigentes nas forças vivas da cultura, em determinados momentos de sua evolução, sugeriam as soluções práticas e muitas vezes as próprias construções da doutrina.

Para Aníbal Bruno,[221] a concepção da pena como retribuição do mal pelo mal, justo castigo que deve ser imposto ao delinquente para afligi-lo e fazê-lo expiar o seu crime, já era manifestada nos hábitos penais, apesar de não expressa em teorias. Nos tempos primários, rudes e exigentes na vingança e nas velhas civilizações do Oriente, encontram-se práticas punitivas que vêm atravessando a linha imemorial do tempo e, embora atenuadas, permanecem ainda vivas na idade moderna.

---

[219] Referências retiradas de BITENCOURT. Cezar Roberto. Op. cit., p. 408.
[220] BOSCHI, José Antonio Paganella. *Das Penas e seus Critérios de Aplicação*. 6. ed. Porto Alegre: Livraria do Advogado, 2013, p. 75-76.
[221] BRUNO, Aníbal. *Das Penas*. Rio de Janeiro: Rio Sociedade Cultural, 1976, p. 15.

Mesmo entre os gregos, os primeiros a levantar o problema da justificação racional da pena, encontra-se o pensamento da retribuição que Platão expôs no *Górgias*, embora no *Protágoras* e na *As Leis*, defendesse a finalidade emendativa da medida penal.

Platão,[222] no livro nono de *As Leis*, preconizava o estabelecimento de três tipos de prisões:

> [...] uma na praça do mercado, que servia de "custódia"; outra dentro da cidade, que servia de "correção", e outra destinada ao "suplício", que, com o fim de amedrontar, deveria constituir-se em lugar deserto e sombrio, o mais distante da cidade.

Na antiguidade, a privação da liberdade enquanto sanção penal era desconhecida. O encarceramento do delinquente, desde tempos remotos, servia somente à contenção e guarda de réus para preservá-los fisicamente até o momento do julgamento. Recorria-se à pena de morte, às mutilações, aos açoites e às penas infamantes.

A prisão, nas palavras de Bitencourt,[223] era a "ante-sala" dos suplícios, pois a tortura era usada frequentemente em busca da verdade e constituía uma antecipação da pena de morte.

Os romanos, segundo Carrara, que foram gigantes no Direito Civil, eram pigmeus no Direito Penal, e só conheceram o encarceramento com fins de custódia e posterior pena de morte.

Citando Platão, Sêneca cunhou o aforismo de que "pune-se não porque se pecou, mas para que não volte a pecar".[224]

Até 1791, a lei criminal era conhecida como o código da crueldade legal, já que as leis penais tinham o objetivo de provocar o medo coletivo. A pessoa do réu não era considerada, tanto que ficavam encarcerados os loucos, os delinquentes de toda ordem, mulheres e crianças, todos juntos em calabouços subterrâneos ou de palácios e fortalezas, aguardando os suplícios ou a morte.

Durante toda a Idade Média, a ideia de pena privativa de liberdade não aparece, afirma Bitencourt.[225] De claro predomínio do direito germânico, a pena continua a ter caráter custodial, apesar de começarem a surgir as formas prisionais de Estado e a Eclesiástica.

Na prisão de estado ficavam recolhidos os inimigos do poder, real ou senhorial, que tivessem cometido delitos de traição, e os adversários políticos dos governantes. Havia duas formas de pri-

---

[222] Referências retiradas de BITENCOURT, Cezar Roberto. Op. cit., p. 408.
[223] Idem, ibidem.
[224] Referências retiradas de BRUNO, Aníbal. Op. cit., p. 15.
[225] BITENCOURT, Cezar Roberto. Op. cit., p. 411.

são Estado: a "prisão-custódia", onde o réu esperava a execução da pena que poderia ser o açoite, as mutilações, a morte, a detenção temporal ou perpétua e até mesmo o perdão real. E a "prisão eclesiástica", que se destinava aos clérigos rebeldes e respondia às ordens de caridade, redenção e fraternidade da Igreja, sendo o internamento forma de penitência e meditação.

A pena privativa de liberdade foi produto do desenvolvimento de uma sociedade orientada pelo pensamento calvinista cristão, segundo Hilde Kaufmann,[226] que, com algumas diferenças entre o protestantismo e o catolicismo, proporcionou tanto no aspecto material como no ideológico bom fundamento à pena privativa de liberdade.

O Direito Canônico, assim, exerceu notável e decisiva participação para o surgimento da prisão moderna, assegura Bitencourt,[227] especialmente no que se refere às primeiras ideias sobre a reforma do delinquente. As palavras "penitenciária" e "penitenciário" surgiram precisamente do conceito religioso de *penitência*. Com o predomínio dos conceitos teológicos e morais até o século XVIII, o crime já era considerado um pecado contra as leis humanas e divinas.

Na Idade Moderna, especialmente nos séculos XVI e XVII, a pobreza se abate por toda a Europa e todos os meios de contenção da delinquência mostram-se falhos. Com o aumento assustador de crimes, tornou-se claro que a pena de morte não era adequada já que não podia se estender a tanta gente. Começou-se, então, a desenhar o esboço do que viriam a ser as casas prisionais para a correção dos apenados.

A suposta finalidade da instituição consistia na reforma dos criminosos por meio do trabalho e da disciplina, conceitos norteadores do penitenciarismo clássico. Servia, também, como desestímulo aos demais cidadãos para a prática da ociosidade e da vadiagem, sendo que o objetivo era estimular o trabalho, fonte de renda para a sobrevivência afastada do crime.

Para pequenos delitos, em 1596, criam-se, em Amsterdã, casas de correção separadas para os homens (as *Raspluis*) e para as mulheres (as *Spinhis*). Os jovens foram contemplados, em 1600, com

---

[226] KAUFMANN, Hilde. *Princípios para La Reforma de La Ejecución Penal*. Buenos Aires: Depalma, 1977, p. 18-19.
[227] BITENCOURT, Cezar Roberto. Op. cit., p. 413.

uma seção especial. Os delitos mais graves eram punidos com o exílio, açoites, pelourinho, etc.

Para o controle global do crime, contavam com os códigos penais que estabeleciam especialmente penas pecuniárias, corporais e capitais.

As prisões de Amsterdã alcançaram grande êxito e foram imitadas por muitos países europeus. Inegavelmente excepcionais, já que foram necessários mais de dois séculos para que fossem consideradas lugar de correção e não de simples custódia do delinquente à espera de julgamento.

Mas nem tudo era encaminhamento para uma nova concepção da pena, tanto que um terrível modo de prisão surgiu exatamente na era moderna, no século XVI, que foi a pena de *galés,* espécie de prisão flutuante, onde os criminosos eram obrigados a remar por intermináveis períodos de tempo, acorrentados a um banco. Tal pena era aplicada a prisioneiros condenados a penas graves e prisioneiros de guerra.

Em meados do século XVII, surgem na Europa os "hospícios", que se destinavam, inicialmente, à reabilitação de crianças errantes, passando posteriormente a receber jovens desencaminhados. Daí para os estudos da proporcionalidade da pena de acordo com o delito cometido, aliados à ideia da força espiritual do réu e à importância de sua reintegração à comunidade, foi uma consequência lógica.

Embora com o notável progresso da evolução da pena desde o Talião até o sistema legal e codificado, ela ainda é o mais complexo e tormentoso problema que o Direito Penal pode nos oferecer.

São vários os regimes de cumprimento de pena previstos de acordo com a gravidade do delito e a quantidade da reprimenda estatal a cada um deles preceituado. Do fechado, ao semiaberto, ao aberto, à prisão domiciliar e às medidas alternativas à prisão, todos criados no intuito de justa expiação ao mal causado e preservação da proporcionalidade da resposta estatal àquele indivíduo identificado que delinquiu.

Como a proposta deste trabalho não são especificamente os regimes de cumprimento das penas, e sim as adequações do Direito Penal à moderna ciência cerebral conhecida por neurociência, deixa-se de fazer a abordagem de tão específica matéria.

A pena, suas origens e evolução, por estar intrinsecamente ligada ao crime, pois, citando o brocado latino que norteia o Direito

Penal e esculpido no artigo que inaugura o Código Penal, *"não há crime sem lei anterior que o defina; não há pena sem prévia cominação legal"*, merece uma análise mais detida e reflexiva. Seus critérios de aplicação também não podem ser esquecidos, pois dizem com o indivíduo ao qual se está atribuindo a sanção, a reprimenda, o castigo estatal, além de exigir do julgador conhecimentos de criminologia, de psiquiatria e de psicanálise, sem esquecer da neurociência, linha mestra em que se assentam os fundamentos do tema proposto.

Analisando os critérios atuais de aplicação da pena previstos no artigo 59 do Código Penal, leva-se em conta que estes constituem diretrizes, traçam um roteiro, fixam critérios de orientação, indicam o caminho a ser seguido na adequação da pena ao fato e ao delinquente.

São denominados *circunstâncias judiciais* porque a lei não os define e deixa a cargo do julgador a função de identificá-los no bojo dos autos e mensurá-los concretamente. Para Bitencourt,[228] "não são efetivas 'circunstâncias do crime', mas critérios limitadores da discricionariedade judicial, que indicam o procedimento a ser adotado na tarefa de individualização da pena-base".

O Código Penal de 1940 não contemplava a *conduta social* e o *comportamento da vítima*, que vieram acrescidos com a reforma de 1984. Também substituiu a *intensidade do dolo e o grau de culpa* pela *culpabilidade do agente*, segundo a orientação finalista. Convém relembrar que até 1984 o Código Penal adotava a Teoria Mecanicista. Com a reforma e consequente nova orientação da ação, certamente o anterior artigo 42 tornou-se, em alguns aspectos, obsoleto, pedindo a alteração que veio preconizada no atual artigo 59.

Procede-se à análise individual de cada um dos balizadores do artigo 59 do Código Penal.

a) Começa-se com a <u>culpabilidade</u>, considerada como *elemento de determinação* ou de *medição de pena*, talvez o requisito mais importante do moderno Direito Penal. Constitui-se no norteador máximo da sanção aplicável, ainda que se invoquem *objetivos ressocializadores* ou de recuperação social, segundo a lição de Bitencourt.[229]

A culpabilidade caracteriza-se pela função de *limite da pena* e não como fundamento desta, impedindo sua imposição além ou aquém da medida prevista pela própria ideia de culpabilidade, alia-

---

[228] BITENCOURT, Cezar Roberto. Op. cit., p. 553.
[229] Idem, p. 553.

da a outros critérios, como a importância do bem jurídico, os fins preventivos, entre outros.

É de Bitencourt[230] a afirmação de ser usual encontrar-se no cotidiano forense, na dosagem da pena, a afirmação de que *o agente agiu com culpabilidade, pois tinha consciência da ilicitude do que fazia*. É um rematado engano. Culpabilidade, no sentido da frase exposta, nada mais é do que *fundamento da pena* e deve ser analisada juntamente com a tipicidade e a antijuridicidade, concluindo-se pela condenação. O que se deve fazer é examinar a *maior ou menor censurabilidade do comportamento do agente, a maior ou menor reprovabilidade do comportamento praticado e a menor ou maior exigibilidade de outra conduta*. Como dolo passou a ser um dos elementos do tipo (da ação), pode e deve ser aqui considerado para avaliar o grau de censurabilidade da ação típica e antijurídica. Quanto mais intenso o dolo, maior a censura e vice-versa.

b) Por <u>antecedentes</u> deve-se levar em conta tudo o que designa, o que antecede, aquilo que está antes, e em Direito Penal significa a vida anterior do acusado, a sua "folha corrida", que é certificada por servidor judiciário com base em informações carcerárias.[231]

Essas informações permitem que o julgador apure se o acusado já teve envolvimento em outros delitos, se se está diante de criminoso habitual ou se sua vida anterior é isenta de ocorrências antijurídicas, sendo o ilícito, nesta hipótese, apenas incidente esporádico. Como adverte Nelson Hungria,[232] "ao juiz compete extrair-lhe a conta corrente, para ver se há saldo credor ou devedor".

Acerca da necessidade de se proceder à verificação da vida anteacta do inculpado, Aníbal Bruno[233] explica que os antecedentes são fatos os quais receberam reprovação de autoridade pública ou do meio social no qual inserido, representando "verdadeira expressão da sua incompatibilidade para com os imperativos ético-jurídicos".

Dentro do leque de possibilidades de anotação, por muito tempo facultou-se a utilização de todo e qualquer tipo de registro que figurasse na certidão cartorária – inquéritos policiais, ações penais em andamento, condenações provisórias, sentenças condenatórias

---

[230] BITENCOURT, Cezar Roberto. Op. cit., p. 553.
[231] Referências retiradas de BOSCHI. José Antonio Paganella. Op cit. p. 166.
[232] HUNGRIA, Nelson H. *Comentários ao Código Penal: Decreto-lei n. 2.848, de 7 de dezembro de 1940*. vol. V, 5.ed. Rio de Janeiro: Forense, 1979, p. 470-471.
[233] BRUNO, Aníbal. *Comentários ao Código Penal*, v. II. Rio de Janeiro: Forense, 1969, p. 95-96.

com trânsito em julgado, sentenças absolutórias, decisões de extinção da punibilidade, etc.

Embasado no rumo tomado pela sua iterativa jurisprudência, o Superior Tribunal de Justiça editou a Súmula nº 444,[234] estabelecendo a impossibilidade de utilização de inquéritos policiais e de ações penais em curso para fundamentar a elevação da pena-base. A referida Corte passou a aceitar como maus antecedentes somente as condenações definitivas que não configurem reincidência.

Por se tratar de enunciado que não apresenta força vinculante, o comando nele expresso consiste apenas em uma orientação, uma recomendação da Corte Superior aos juízes e demais Tribunais do país, de modo que não há efeito proibitivo de que se prolate decisões em sentido diverso.

No âmbito do Tribunal de Justiça do Estado do Rio Grande do Sul, dentre as chamadas Câmaras altas, mais precisamente a 8ª Câmara Criminal – Órgão Fracionário o qual presido – apresenta entendimento consolidado no sentido de que são aptos a configurar maus antecedentes os processos em andamento ou com condenação – provisória ou definitiva –, desde que referentes a fatos anteriores ao que o juiz esteja examinando.

A ausência de trânsito em julgado não configura impeditivo para essa operação, pois uma anotação criminal não surge imotivadamente, mas vem embasada em denúncia formalmente oferecida pelo Ministério Público e recebida pela presença dos respectivos requisitos.

E não há falar em violação ao princípio constitucional da presunção de inocência, tendo em vista que o fato de estar respondendo a processo anterior ou de registrar condenação sem trânsito em julgado apresenta inegável caráter desabonatório, de modo que deve ser valorado para a devida individualização da pena.[235]

Como bem observado pelo então Ministro do Supremo Tribunal Federal Paulo Brossard,[236] no julgamento do Habeas Corpus nº 70.871, "não se pode admitir que a presunção de inocência atue

---

[234] Súmula 444 do STJ: É vedada a utilização de inquéritos policiais e ações penais em curso para agravar a pena-base.

[235] CF/88 artigo 5º, inciso XLVI: a lei regulará a individualização da pena e adotará, entre outras, as seguintes: a) privação ou restrição da liberdade; b) perda de bens; c) multa; d) prestação social alternativa; e) suspensão ou interdição de direitos.

[236] BRASIL. Supremo Tribunal Federal. Habeas Corpus nº 70871, Segunda Turma, Relator: Ministro Paulo Brossard. Brasília, 11 de outubro de 1994. Disponível em: <http://www.stf.jus.br/portal/inteiroTeor/obterInteiroTeor.asp?numero=70871&classe=HC>. Acesso em: 02 jun. 2017.

como uma barreira impeditiva do exame de circunstâncias indispensáveis à individualização da pena, que também tem assento na Constituição, art. 5º, XLVI". E prossegue ressaltando que a análise dos maus antecedentes do réu não está condicionada a efetivas condenações criminais anteriores:

> O exame dos antecedentes reside na esfera de discricionariedade própria do juiz. Este, na apreciação das informações sobre a vida pregressa do réu, decidirá sobre a necessidade de um maior ou menor grau de reprovabilidade da conduta criminosa, tendo em vista a capacidade virtual do réu para delinquir.

Quando o magistrado afasta a pena-base do mínimo legal em virtude da anotação negativa dos registros referentes a ações penais a que responde o criminoso – sejam eles provisórios ou definitivos –, está realizando a correta distinção da situação daquele acusado com a de outro, que nunca foi processado criminalmente. Por simples que pareça, esta operação acaba por consagrar o princípio da isonomia, cujo propósito consiste em tratar igualmente os iguais e desigualmente os desiguais, na exata medida de suas desigualdades.

Verucci[237] sintetiza o princípio da isonomia afirmando que "tratar igualmente os iguais e desigualmente os desiguais na medida em que se desigualam para que possam ser iguais com direito às suas diferenças específicas é o meio natural para se alcançar a igualdade".

O criminoso que apresenta vários registros criminais ao longo de sua vida não se encontra em situação de igualdade com aquele que teve seu primeiro contato com atividades ilícitas. Cabe ao julgador sopesar essas informações relativas à vida pregressa dos réus e conferir a devida aplicação ao axioma acima mencionado, cuja expressão deverá ocorrer nesta primeira etapa de fixação da pena: havendo registros aptos a configurar maus antecedentes, o acusado terá sua reprimenda afastada do mínimo legal. Inexistindo apontamentos a valorar, esta vetorial não terá interferência no *quantum* de pena.

Cumpre observar que a cega aplicação da referida Súmula nº 444 do Superior Tribunal de Justiça, sem a devida atenção para as particularidades de cada caso, acaba por colocar em situação de igualdade o acusado que reiteradamente pratica crimes – mas que ainda não conta com condenação definitiva – e o réu denunciado

---

[237] VERUCCI, Floriza. *O Direito da Mulher em Mutação – Os Desafios da Igualdade*. Belo Horizonte: Del Rey, 1999, p. 59.

por seu primeiro crime, situação que vulnera o postulado da isonomia.

Por outro lado, os registros relativos a inquéritos policiais, a sentenças absolutórias e a feitos nos quais houve extinção da punibilidade não servem para a determinação de maus antecedentes. Na primeira hipótese, deve ser levado em conta que sequer existe processo, mas mera investigação policial, que muitas vezes trilha o caminho do arquivamento. Já a absolvição, independentemente do fundamento, é autoexplicativa, não podendo ensejar efeitos avessos nesse particular. E a extinção da punibilidade elimina todos os efeitos penais de eventual sentença condenatória já prolatada.[238]

Avançando, convém apontar que, quando a certidão cartorária relatar mais de uma condenação definitiva por fatos anteriores ao evento criminoso *sub judice*, o juiz poderá considerar o acusado na primeira fase da aplicação da pena como de *maus antecedentes* e na segunda fase do método trifásico como *reincidente*.

Também cumpre destacar que a valoração negativa dos antecedentes, diferentemente da reincidência, não está limitada temporariamente. A reincidência é atingida pela caducidade após o decurso de cinco anos,[239] o que não ocorre com os antecedentes.

Apesar de defensáveis posições no sentido de que a ambos, antecedentes e reincidência, deveria ocorrer a prescrição quinquenal,[240] prepondera a corrente doutrinária, à qual me filio, que sustenta que não há outro modo de individualizar a pena, torná-la única e singular, senão mediante a consideração de todas essas particularidades relacionadas ao fato e aos personagens – autor e vítima. Assim, os antecedentes judiciais podem e devem ser utilizados como legítimos parâmetros na individualização da pena-base, possibilitando ao julgador aferir quem é "aquele" indivíduo e o desenrolar de sua vida pregressa.

c) A *conduta social,* até 1984, era realizada em conjunto com os antecedentes. Com a aprovação da Lei 7.209, dando novo formato à Parte Geral do Código Penal, a referida circunstância passou a ter

---

[238] Com exceção do sursis e do livramento condicional, que, quando esgotados os períodos de prova, apagam somente a pena, mantendo os efeitos secundários da condenação, prestando-se, com isso, a configurar reincidência.

[239] Art. 64 do Código Penal: Para efeitos de reincidência: I – não prevalece a condenação anterior, se entre a data do cumprimento ou extinção da pena e a infração posterior tiver decorrido período de tempo superior a cinco anos, computado o período da suspensão ou do livramento condicional, se não ocorrer revogação. Redação dada pela Lei nº 7209, de 07 de julho de 1984.

[240] Nesse sentido, Salo de Carvalho, Guilherme de Souza Nucci e Leonardo Massud.

configuração própria. Os *antecedentes* dizem com a vida pregressa do réu, a *conduta social* com as peculiaridades inerentes à inserção do indivíduo na comunidade e ao relacionamento com a família, os amigos, a vizinhança, etc.

Cada pessoa tem sua forma peculiar de relacionar-se com os demais. Alguns são mais dóceis, mais afáveis, mais respeitosos, mais obedientes. Outros apresentam maior nível de desrespeito, desobediência, falta de educação. Há os trabalhadores e os vadios, os altruístas e os egoístas. Cada ser humano é único inclusive na forma como conduz sua vida em sociedade.

A análise da *conduta social* deve projetar, queira-se ou não, conhecimento sobre o temperamento, o caráter, a personalidade e a vida pregressa do acusado. A justificativa encontra-se no fato de que as circunstâncias judiciais interagem umas com as outras e são mutuamente esclarecedoras.

Boschi[241] acentua que

[...] o indivíduo com larga folha corrida, por exemplo, seguramente não será considerado bem inserido na sociedade pela grande maioria de pessoas honestas e trabalhadoras, que vivem dentro e não à margem da lei, nem será qualificado como alguém de personalidade bem estruturada, com um superego capaz de controlar os impulsos do ego, segundo o padrão social da normalidade.

Os conceitos de *id, ego e superego*, estudados no capítulo referente à psicanálise, são de fundamental importância ao deslinde do que constitui a *conduta social*, pois esta deve ser analisada segundo as pulsões conscientes e inconscientes que fazem com que determinado indivíduo se comporte de forma mais ou menos adequada ao convívio social no qual está inserido. Se reside em uma favela ou num condomínio de luxo, deve mostrar-se adaptado e portar-se como um cidadão de bem naquela circunstância. Leva-se em conta o ambiente em que vive *aquele indivíduo em particular* e não a um agrupamento humano indeterminado ou determinado previamente por padrões convencionados.

A *conduta social* não é bem aceita por parte da doutrina por constituir o que se denomina e aboliu como o *Direito Penal do autor*, a ensejar maior punição pelo *modo de ser*, segundo crítica de Enrique Bacigalupo,[242] comentando o Código Penal Tipo para a América Latina, Código Penal Espanhol e Código Penal Brasileiro de 1969.

---
[241] BOSCHI, José Antonio Paganella. Op. cit., p. 169-170.
[242] BACIGALUPO, Enrique. *A Personalidade e a Culpabilidade na Medida da Pena*. Rio de Janeiro: Revista de Direito Penal, v. 15/16, julho/dezembro, 1974, p.41.

Em que pesem as críticas a essa balizadora, acredita-se que as diferenças entre *Direito Penal do Fato* e *Direito Penal do Autor* devem ser aprendidas pelo juiz da causa para que o princípio da individualização da pena se efetive amplamente. Não há como preservar a equidade e o sentimento de justiça, segundo Boschi,[243]

> [...] se na sentença o juiz fixar penas iguais para indivíduos comunitária e socialmente inseridos e desalinhados dos padrões que regem a vida em família, no emprego, na vizinhança, enfim, nas relações com os outros.

d) Entendida como a síntese das qualidades sociais e morais do indivíduo, a <u>personalidade</u> é "um todo complexo, porção herdada ou porção adquirida, com o jogo de todas as forças que determinam ou influenciam o comportamento humano".[244]

Na análise da personalidade, deve-se verificar a sua boa ou má índole, sua maior ou menor sensibilidade ético-social, a presença ou não de eventuais desvios de caráter de forma a identificar se o crime constitui um episódio acidental na vida do réu.

Determinar o que é a personalidade, por mais que à primeira vista se afigure simples, reveste-se de pontos gris em que o julgador pode vir a se enredar. Mais do que manifestações de caráter ou de temperamento, "há que se compreender dinamicamente a totalidade dos traços emocionais e comportamentais que caracterizam o indivíduo em sua vida cotidiana, sob condições normais".[245] E assim o é porque, como diria Myra Y López,[246] "a pessoa é una, inteira e indivisa e como tal deve ser estudada e compreendida pela ciência, sendo inviável estabelecer-se, então, pela fluidez e diversidade, um padrão 'a priori' de personalidade".

O indivíduo deve ser considerado normal se consegue adaptar-se às situações da vida de modo a poder, se for o caso, comportar-se anormalmente quando a própria situação for caracterizada como anormal.[247] Assim, essa ideia de diversidade/mobilidade é relevante, porque por indivíduo de personalidade ajustada não se deve entender aquele que simplesmente se declara como tal, nem um doente que se ignora, mas alguém

---

[243] BOSCHI, José Antonio Paganella. Op. cit., p. 170-171.

[244] BRUNO, Aníbal. *Comentários ao Código Penal*, vol. II, Rio de Janeiro: Forense, p. 95-96.

[245] KAPLAN, Harold L; SADOCK, Benjamim J; GREBB, Jack A. *Compêndio de Psiquiatria*: Porto Alegre: Artes Médicas, 1997, p. 686.

[246] MYRA Y LOPES, Emílio. *Manual de Psicologia Jurídica*. São Paulo: Mestre Jou, 1967, p. 27.

[247] Referências retiradas de BERGERET, Jean. *Personalidade Normal e Patológica*. Porto Alegre: Artes Médicas, 1988, p. 21.

> [...] que conserve em si tantas fixações conflituais, como tantas outras pessoas, e que não tenha encontrado em seu caminho dificuldades internas ou externas superiores a seu equipamento afetivo hereditário ou adquirido, às suas faculdades pessoais defensivas ou adaptativas, e que se permita a um jogo suficientemente flexível de suas necessidades pulsionais, de seus processos primários e secundários, nos planos pessoal e social, tendo em justa conta a realidade e preservando-se o direito de comportar-se de modo aparentemente aberrante em circunstâncias excepcionalmente "anormais".

Esta é a análise do psiquiatra Jean Bergeret,[248] que bem retrata que a normalidade é, inclusive, poder comportar-se anormalmente quando forças maiores sobrepujarem o comum e usual.

Em outras palavras, a personalidade, apesar de nascer com o indivíduo, também se modifica continuamente, dependendo de fatores sociais, permitindo àquele indivíduo se distinguir de todos os outros, seus semelhantes, mas nunca seus idênticos. A igualdade entre as pessoas é atribuída à sua condição humana e à concepção formal de que todos devem ser considerados iguais em direitos e obrigações. No aspecto da personalidade não se encontra um indivíduo igual a outro e é justamente sobre essa complexidade que deve se ater o juiz ao fixar a pena de acordo com as moduladoras previstas em lei.

Myra Y Lopes lembra que esse ir e vir da personalidade estrutura seus elementos nas construções freudianas do *id, Eu* (ego) *e super-Eu* (superego), em meio a desejos, atitudes, ansiedades, frustrações, controle ou descontrole, etc.

O tema referente à personalidade justificaria a atenção da magistratura, pois é fácil a percepção de que cabe ao juiz, em cumprimento ao disposto no artigo 59 do Código Penal, analisar essa peculiar circunstância. Todavia, talvez por desconhecimento da psicanálise, limitam-se a afirmações genéricas do tipo "personalidade ajustada" ou "personalidade desajustada", "agressiva", "impulsiva", "boa", "má", que nada dizem tecnicamente. Para que os julgadores possam bem atender aos propósitos da balizadora, devem considerar que *personalidade* e *temperamento* não são conceitos que traduzem a mesma coisa, não são sinônimos e nem podem ser confundidos, como também não o podem o *caráter* e a *personalidade.*

Tomando-se alguém portador de temperamento agressivo, poderá concretizar essa tendência inata, traduzindo um *caráter agressivo,* desde que os relacionamentos que vivencie favoreçam essa manifestação, tais como tipos de educação, convívio profissional,

---

[248] BERGERET, Jean. Op. cit., p. 21.

ambiente cultural, etc. Outros valores e situações poderão inibir a disposição temperamental agressiva, fazendo representar um caráter mais pacífico. *Temperamento* e *caráter* integram a personalidade; um como tendência e outro como núcleo psicológico de possíveis formas de expressão, sendo que só a personalidade é passível de modificação no transcorrer da vida, jamais o caráter.

Como já se viu, a *personalidade* constitui a totalidade dos traços emocionais e comportamentais; o *temperamento*, por sua vez, está relacionado, segundo o psiquiatra Gianluigi Ponti, citado por Tennyson Velo,[249] à estrutura biológica, inata, geneticamente disposta na pessoa, aquilo que determina suas peculiaridades, tendências afetivas de agir no mundo, reagir ao ambiente e se relacionar com os demais indivíduos. Nesse sentido poder-se-ia falar em atavismo e completar o círculo que se iniciou, neste livro, com Lombroso, ferrenho defensor das características atávicas inatas nos criminosos natos; com Freud, psicanalista que nunca deixou de reconhecer os traços primevos e as emoções primárias de certos indivíduos cujo *id* não foi suplantado pelo *ego;* e da neurociência, pela comprovação de que lesões ou alterações no córtex pré-frontal produzem ou conduzem à delinquência.

e) *"Os motivos 'movem' o homem"*. Assim Boschi[250] inicia a análise do que são os <u>motivos do crime</u>.

Força propulsora da vontade criminosa, já que não há crime gratuito ou sem motivo. Vergara[251] afirma que

> [...] os motivos determinantes da ação constituem a soma dos fatores que integram a personalidade humana e são suscitados por uma representação cuja ideomotricidade tem o poder de fazer convergir, para uma só direção dinâmica, todas as nossas forças psíquicas.

Como no tempo existencial não cabem espaços vazios, primeiro o indivíduo elege os fins de seu agir, o que se convencionou chamar de "normação ética". Ato contínuo lança mão dos meios para alcançá-lo, "normação técnica", e por fim dá início ao processo executivo conhecido como *iter criminis*.

Mais uma vez se recorre a Freud em busca de auxílio para explicar o Direito Penal. Para o psicanalista, a eleição dos *motivos*

---

[249] VELO, Joe Tennyson. *Criminologia Analítica*. São Paulo: Revista Brasileira de Ciências Criminais, IBCCrim, v. 7, p. 138.
[250] BOSCHI, José Antonio Paganella. Op. cit., p. 176.
[251] VERGARA, Pedro. *Dos Motivos Determinantes no Direito Penal*. Rio de Janeiro: Forense, 1980, p. 563-564.

dizem com as características da personalidade de cada um. Esclarecendo a proposição freudiana, Myra y Lopes[252] diz que

> [...] é um tópico frequente o de que os alienistas acreditam que "todo mundo está louco". Nada mais errôneo; com o mesmo grau de veracidade poderia afirmar-se o contrário: para os psiquiatras "todos os loucos são normais". Com efeito, o estudo psíquico serve somente para convencer-se da artificiosidade de toda separação essencial sobre a saúde e a doença mental; não há um só sintoma psicótico que não possa ser encontrado em indivíduos normais, de modo que é preciso conceber a mente patológica só como resultado de um desvio quantitativo da anormal; isto é, produzida pela desproporção de alguns traços integrantes da personalidade comum.

No complexo mundo das volições, não há uma só conduta humana destituída de finalidade. Desde o momento em que acorda até o momento em que se recolhe para o repouso, o ser humano exercita preferências, procura efetivá-las e traça as mais variáveis metas, dentro ou fora da ética ou da legalidade estrita.

Os motivos que interessam, aqui, dizem com a *capacidade para delinquir* ou em circunstâncias baseadas em motivos particulares, funcionando como a mola propulsora, o impulso, o sentimento, a emoção que alavanca a ação ou omissão e que, no dizer de Boschi,[253] "faz eclodir a vontade".

Nos motivos se acham presentes todos os sentimentos humanos, como o amor, o ódio, o desejo sexual, a vingança, o altruísmo, a inveja, e tantos quantos sejam os que movem o homem em busca da satisfação de seu desiderato.

f) Por <u>circunstâncias do crime</u> não se pode confundir o que preconiza o artigo 59 do Código Penal com as *circunstâncias legais* relacionadas nos artigos 61, 62, 65 e 66 do mesmo Estatuto, embora decorram do mesmo fato delituoso, tais como tipos de meio utilizados, objeto, tempo, lugar, forma de execução e outras semelhantes.[254]

As circunstâncias podem revelar maior ou menor grau de covardia, audácia e preparação para o delito. Certamente que uma ação descuidada e frustrada é indigna de maior peso do que aquela praticada com organização minuciosamente orquestrada e de maior potencialidade lesiva.

---

[252] MYRA Y LOPES, Emílio. Op. cit., p. 76.
[253] BOSCHI, José Antonio Paganella. Op. cit., p. 177.
[254] Referências retiradas de BITENCOURT, Cezar Roberto. Op. cit., p. 556.

Segundo Bitencourt,[255] não se pode ignorar que certas circunstâncias qualificam ou privilegiam o crime ou, de alguma forma, são valoradas em outros dispositivos ou até mesmo como elementares do crime. Nessas hipóteses não devem ser avaliadas como circunstâncias judiciais para evitar a dupla apenação.

g) As _consequências do crime_ não se confundem com a consequência natural do ilícito praticado. A morte da vítima no homicídio é consequência natural do crime, não o tornando mais grave pelo resultado morte, desejado e obtido pelo agente. Agora, podem ser consideradas graves se a vítima era o único provedor da família e deixou ao desamparo filhos e esposa sem qualificação profissional, por exemplo.

O que se deve analisar é o grau de gravidade provocado pelo crime, o alarme social mais ou menos danoso provocado. É a irradiação de resultados, não necessariamente típicos, que gerará as consequências a que se refere a moduladora em questão.

h) Por _comportamento da vítima_ há que se considerar o estudo da "vitimologia", um setor especializado da criminologia que estuda o papel que muitas vezes a vítima, com seu comportamento, realiza para a eclosão do fato ilícito, podendo levar ao abrandamento da sanção penal ou a sua exasperação.

É em Freud que mais uma vez se encontra a justificativa para o comportamento da vítima. Em 1916, Freud publica "Alguns Tipos de Caráter Encontrados no Trabalho Psicanalítico",[256] onde aborda o fato de que criminosos com sentimento de culpa podem dar causa a situações para serem apanhados e censurados de forma a se redimirem do peso que carregam, as culpas. Muitos *serial killers* deixam deliberadamente pistas para que a polícia venha a encontrá-los. Essa formulação teórica pode ser analisada a contrário senso, ou seja, os não criminosos ou as vítimas que com suas condutas estimulam, incitam ou propiciam a prática de crimes.

A análise do *comportamento da vítima*, pelo grau de dificuldade que apresenta, deve ser cuidadosamente sopesado pelo juiz. Massud[257] adverte que se deve evitar, por exemplo, que "a mitigação da pena sirva à intolerância". E Boschi[258] acrescenta que:

---

[255] BITENCOURT, Cezar Roberto. Op. cit., p. 556.
[256] FREUD, Sigmund. Alguns Tipos de caráter Encontrados no Trabalho Psicanalítico. In: ——. *Obras Completas de Sigmund Freud* (1912-1914). São Paulo: Companhia das Letras, 2012, p. 365.
[257] MASSUD, Leonardo. *Da Pena e sua Fixação*. São Paulo: DPJ Editora, 2009, p. 178.
[258] BOSCHI, José Antonio Paganella. Op. cit., p. 181.

O alerta ésumamente relevante e atual, haja vista as notícias de reavivamento de grupos xenófobos, inclusive em países desenvolvidos, que agridem latinos, que praticam bullyng, que atacam homossexuais, que segrega seguidores de seitas e de religiões.

É válido, assim, valorar a circunstância em exame, como adverte Massud, se "o comportamento da vítima resultar em especial estímulo à prática delitiva, o julgador deve considerá-lo para minorar a resposta penal ao autor do fato punível".[259]

Se a vítima instiga ou provoca o agressor, criando animosidade e favorecendo o perigo, o infrator deverá ser beneficiado com menor reprovação penal, uma vez que o comportamento da vítima encontra estreita proximidade com a *exigibilidade de outra conduta*, um dos elementos da culpabilidade.

Mas, ao mesmo tempo em que a aplicação da pena, com a análise das circunstâncias judiciais que a fundamentam, é reconhecidamente um dos maiores desafios propostos aos juízes, é por meio dela, também, que é aplicado o justo castigo, a retribuição estatal ao mal causado e onde é possível "encontrar-se com a vida e com o homem, para o conhecimento de todas as suas fraquezas e misérias, de todas as infâmias e putrilagens, de todas as cóleras e negações",[260] e para a tentativa de contê-las e corrigi-las na medida da justiça terrena.

---

[259] MASSUD, Leonardo. Op. cit., p. 178.
[260] HUNGRIA, Nelson H. *Comentários ao Código Penal*. Tomo II. Rio de Janeiro: Forense, 1978, p. 457.

4. Os crimes da paixão

> Tudo o que nele foi violência é em nós furtivo, e um evita o olhar do outro para não corrermos o risco de nos entendermos. Para que a casa não estremeça.
>
> *Clarice Lispector*

4.1. A origem e o desencadear da paixão

Ao ser questionado sobre o que é preciso para representar uma interessante peça de teatro, Lópe de Véga se saiu com a feliz expressão: *"quatro cavaletes, quatro tábuas, dois atores e uma paixão"*. Não exagerava. A paixão humana, em sua grandeza ou pequenez, é sempre suscetível de captar a nossa atenção.

Os amores tranquilos, os idílios, os casamentos felizes são, no máximo, capazes de despertar um sorriso e uma ponta de inveja. Jamais entusiasmam a ponto de querer-se apreender suas *nuances*, penetrar em seu cotidiano ou desvendar seus mistérios.

Ao se deparar com uma paixão mal resolvida, conflituosa, atormentada, comumente seguimo-la com tal atenção que até a nós próprios surpreende. Ela pode se dar nos palcos, no romance escrito ou na vida que o interesse é o mesmo e a pergunta que se faz é igualmente a mesma e recorrente: por que esse fascínio pelo lado escuro do Outro?

Talvez a resposta esteja no fato de que ela faz com que se viva uma segunda vida, mais vibrante e palpitante que a nossa.

Ou, quem sabe, múltiplas respostas possam ser dadas a essa única pergunta.

Se as paixões falam uma linguagem tão natural é por haver nelas esse tudo que constitui a vida, e até mesmo a essência dessa mesma vida, a sua parte mágica, complexa, dolorosa e plena.[261]

---
[261] RABINOWICZ, Léon. *O Crime Passional*. São Paulo: Saraiva e Cia Editores, 1933, p. 114.

A paixão é uma força terrível, e, mesmo quando nos faz desgraçados, enche maravilhosamente a nossa vida. Se deixasse de existir, em que marasmo e aborrecimento cairia o gênero humano!

Mas, enfim, está-se a falar em paixão num momento historicamente datado, o momento atual, a contemporaneidade, e, como tudo o que diz respeito à história do homem, é no passado que se deve buscar a resposta, se ela for possível de ser encontrada em tão intrincado emaranhado de sentimentos e conexões neurais e elementos bioquímicos.

É de Nietzsche[262] que se extrai que

> [...] a observação imediata de si está longe de ser suficiente. Para aprender a se conhecer, precisamos da história, pois o passado continua a correr em nós em cem ondas; nós próprios nada somos senão o que sentimos a cada instante dessa correnteza. Até mesmo aqui, se quisermos entrar no rio de nosso ser aparentemente mais próprio e mais pessoal, vale a proposição de Heráclito: não se entra duas vezes no mesmo rio – Essa é uma sabedoria que pouco a pouco se tornou amanhecida, mas apesar disso permanece tão forte e substanciosa quanto era outrora: assim como aquela, segundo a qual para entender história é preciso ir à procura de resíduos vivos de épocas históricas. Assim, o conhecimento de si se torna conhecimento de tudo, em vista de todo o passado; assim como, segundo uma outra ordem de considerações, aqui apenas sugerida, determinação e educação de si, nos espíritos livres e de olhar mais longínquo, poderia tornar-se um dia determinação de tudo, em vista de toda a humanidade futura.

Não existe história sincopada. A história compõe-se de uma série de acontecimentos que, por mais rupturas ou interrupções que possam aparentar, nada mais são do que o percurso necessário para as transformações na Cultura.[263] Como o fio de uma faca, por fino que pareça, é uma serra de dentes muitos próximos, assim o é a história da humanidade.

A Civilização, segundo Ibañez,[264] igualmente é una e não se interrompe. As diferenças raciais, comumente utilizadas para reforçar a ideia de que são várias e múltiplas, não se sustentam ao singelo argumento de que não pertencem ou constituem a base fundante do conceito e sim meros acidentes. O melhor exemplo para ilustrar

---

[262] NIETZSCHE, Friedrich. Humano, demasiado Humano. In: ——. *Obras Incompletas*: Abril Cultural, 1974, p. 146-147.

[263] A expressão "Cultura" é utilizada no sentido de meio em que se encontra inserido o indivíduo e lhe fornece os modelos de conduta. Sobre a expressão, essa foi citada na obra publicada em 2001, pela Livraria do Advogado Editora, de título *O Princípio da Igualdade no Direito Penal Brasileiro – Uma Abordagem de Gênero*. Também no curso desse trabalho o termo "Cultura" aparece inúmeras vezes.

[264] IBAÑEZ, Antonio Campoy. *O Amor e a Patologia*. Rio de Janeiro: Calvino Filho Editor, 1934, p. 279.

a assertiva é a do chinês que começa sua casa pela parte mais alta, enquanto o europeu levanta a dele começando pelos alicerces. Há inegavelmente modos desiguais de agir entre ambos, mas ambos, para viver, constroem uma casa.

Retorna-se a Ibañez no ponto em questão para garantir que:

> Não há civilizações. Não há senão uma "Civilização". E se agora vemo-la refugiada na Índia para encontrá-la mais tarde entre os gregos é porque através dos séculos e da geografia ela foi se adaptando às diversas raças para cumprir o traçado de seu progresso. Como a própria vida se adapta às idades e à fisiologia num mesmo indivíduo, saltando da infância à juventude e seguindo para a idade adulta. Ninguém pensa através de formas exteriores, pelo modo de ação. Gradativamente o 'Eu' vai desaparecendo ou se tornando um 'Eu' diferente.

Se não há história sincopada e se a civilização é una, o trajeto geográfico dos povos será, também, o trajeto das paixões sobre a Terra.

Nenhuma menção ao amor ou às paixões nos chega da pré-história. O ambiente hostil e a permanente luta dos indivíduos pela sobrevivência frente aos perigos da natureza os obrigavam a se reunir em agrupamentos. O sentimento de afeto, além de nulo, não era considerado para fins associativos, enquanto que o ato sexual consistia em mera satisfação dos instintos. A estrutura da personalidade era incipiente, com a existência de um *id* poderoso e atuante. O *Eu* era desconhecido e só viria a se manifestar em estágios mais avançados da evolução humana.

Se o *id*, a satisfação primária dos instintos mais baixos predominava, certamente as hordas humanas desconheciam os afetos assim como desconheciam as relações monogâmicas. Os filhos havidos das cópulas eram filhos do acaso, pertenciam à mãe e se integravam ao grupo. A figura paterna era inexistente, pois inexistente a certeza acerca da paternidade. Tal sequer era considerada, uma vez que desvalorizada nas sociedades primitivas.

Lentamente, e assim relata a História, e seguindo a linha exposta a respeito de Civilização, o progresso intelectual do ser humano trouxe embutido no intercâmbio sexual os rudimentos do afeto entre homem e mulher. Não se pode deixar de mencionar que a separação das tribos em agrupamentos menores fez com que surgisse no homem a necessidade da certeza de sua descendência. A prole passa a ser determinada e atribuível a concreto indivíduo, afastando-se a linha matrilinear[265] da transmissão do nome. Surgia o direito

---

[265] O conceito de *linha matrilinear* foi esclarecido no rodapé número 30 deste trabalho.

paterno, segundo Engels,[266] embora, ressalte-se, não premido pela lei do amor e sim pela da propriedade.

Esse sentimento demorou para atingir o conceito que dele se tem agora. A sobrevivência, tanto na pré-história quanto no começo de uma era mais parecida com a civilização como se concebe modernamente, era extremamente árdua. Inicialmente, o homem era obrigado a comer o que caçava ou o que recolhia do solo não cultivado, como raízes e frutos. Com a origem da propriedade privada, desenvolveu a agricultura, a criação de animais para consumo e força de trabalho, passou a adquirir outros seres humanos como se animais fossem para o exaustivo labutar na terra, juntou-se a uma única mulher a fim de gerar a descendência que herdaria seu patronímico e seus bens, sendo que tudo lhe pertencia, já que senhor único de todos os bens móveis e imóveis que havia comprado, se apropriado ou obtido através de acertos e acordos.

O sentimento de afeto por uma mulher ou pelos filhos evoluiu lentamente. A convivência e o intrínseco atributo humano do apego emocional foi se desenvolvendo. Em muito se fizeram valer as contribuições de pensadores, filósofos e religiosos para o reforço desse incipiente nascer do afeto e do amor. Era o começo, se assim se pode afirmar, já que se trabalha com um período obscuro da história do homem, com poucos escritos e rudimentares informações, da difusão de vários e diferenciados segmentos do amor.

Observando o longo caminho percorrido, colhe-se que foi por meio dos fluxos geográficos dos povos que a psique humana descobriu a ordenação e o impulso de duas forças motrizes – o desejo sexual e o amor. E nesse edifício geográfico que o homem levantou através da História, o desejo é a medula, enquanto a paixão é o cérebro.

O conceito de que o amor residia no coração foi definitivamente afastado nos tempos hodiernos. O coração é apenas mais um órgão vital para a manutenção da vida humana, mas que seja capaz de irradiar sentimentos é uma falácia religiosa que se propagou rapidamente pelo espírito humano. Afinal, unia-se o útil ao agradável. Como o Catolicismo e o amor a Deus eram a mola propulsora dos freios às ações vedadas ao indivíduo, e como a Bíblia era a codificação legal e maior a ser seguida, a mitologia do coração como o órgão dos sentimentos era de todo adequada.

---

[266] Referências retiradas de ENGELS, Friedrich. *A Origem da Família, da Propriedade Privada e do Estado*. Rio de Janeiro: Calvino, 1944.

Hoje se refuta fundamentadamente essa afirmação. O cérebro, composto por seus múltiplos sistemas, englobando a mente humana, a dotar o homem de individualidade, pensamentos bons ou ruins, desejos e sentimentos, e os hormônios que o circundam é que faz surgir entre um homem e uma mulher o afeto, o desejo sexual, o ciúme e o sentimento de posse.

Não se crê necessário reportar-se às várias espécies de amor que vêm através dos relatos de Epícuro, como o desejo, a alegria e a dor; dos estoicos, com a alegria, tristeza, desejo e medo; ou mesmo dos cartesianos, com o desejo, a alegria, o amor, o ódio e a admiração. Para todos eles a causa profunda das paixões era a "agitação que os espíritos animais produzem no movimento da pequena glande[267] que está no meio do cérebro".[268]

Importante essa afirmação de Rabinowicz referindo-se *à pequena glande que está no meio do cérebro*. Lombroso já havia estudado o cérebro humano e visto sua anatomia; Freud iniciava a busca pelo que existia no interior do homem, em seu mundo psíquico, e inúmeros outros cientistas começavam a se debruçar sobre o cérebro em busca de maiores informações a respeito do agir humano.

Assim, depreende-se que, apesar de referir-se genericamente a *uma pequena glande* localizada no cérebro, já existia, no início da era moderna, a preocupação de afastar os conceitos religiosos como fonte dos afetos e transferi-la para outro lugar, que mais tarde veio a comprovar-se ser a mente humana.

Em *De la connaissance di dieu de soi-même,* Boussuet[269] refere que o ódio que o homem tem por determinado objeto só provém do amor que tem por outro. O desejo não é mais do que um amor por uma coisa que não possui, como a alegria é um amor que se refere àquilo que possui. A audácia é um amor que empreende o que há de mais difícil para possuir o objeto amado. A esperança é um amor que se envaidece de possuir esse objeto e o desespero é um amor desolado por se ver privado dele para sempre. A cólera é um amor irritado por alguém que lhe quer roubar o seu bem e que se esforça para defendê-lo; enfim, afastai o amor e acabaram-se as paixões; trazei o amor e todas elas renascem.

---

[267] A "pequena glande" referida por Epícuro e Rabinowicz é a glândula pineal, já referida neste trabalho.
[268] RABINOWICZ, Léon. Op. cit., p. 118.
[269] BOUSSUET, Jacques Bénigne. *De la connaissance di Dieu et de soi-même*. 2. ed. França: Librairie Achette Et Cie, 1879. p. 92.

Como esse estudo encontra seu fio condutor no Direito Penal, que contempla a *emoção* como causa atenuante da pena – não havendo menção à paixão na fixação das reprimendas –, e como a Ciência Jurídica não esclarece o que seja um ou outro desses sentimentos, não os diferencie, conceitue ou permita ao operador do direito uma diretriz segura a ser seguida, recorre-se à criminologia, à psicanálise e à neurociência em busca de informações que permitam uma segura compreensão do tema que muitas vezes o operador do direito tem de enfrentar.

Em *Essai sur les passions*, Ribot[270] conceitua a *emoção* como a reação brusca de nossos instintos egoístas, como o medo, a cólera e a alegria; ou altruístas como a piedade e a ternura, feita, sobretudo, dos movimentos e das sustações de movimentos gerados em nosso inconsciente.

Os dois caracteres essenciais da emoção, segundo o autor, são a intensidade e a brevidade. A emoção seria breve; a paixão, prolongada e intelectualizada.

A emoção seria um estado agudo; a paixão, o estado crônico. Todavia, a paixão é sempre cortada por acessos de emoção.

Hungria,[271] demonstrando a absoluta lucidez e inteligência que sempre norteou seu pensamento jurídico, aproximou-se significativamente do pensamento atual sobre as origens das emoções. Tanto é assim, que se faz imperativo utilizar-se de suas reflexões para se comprovar a inquietação que os estados emocionais ocasionavam nos escritos e nos pensamentos dos criminologistas.

Para o doutrinador, três teorias foram elaboradas para explicar a origem das emoções. Na primeira e mais antiga delas, conhecida como *intelectualista*, os fenômenos somáticos da emoção representam uma consequência do estado afetivo; para a teoria *somática*, é justamente o contrário que sucede: a emoção produz-se independentemente de um estado psíquico especial, sendo precedida e provocada pelas variações fisiológicas; uma teoria *conciliatória* é proposta por De Sanctis, para quem o fenômeno emotivo se desenvolve com as seguintes etapas: primeira, percepção sensória; segunda, atividade consciente da córtex representativa e orgânica (emoção primária), com reconhecimento do valor afetivo da percepção; terceira, fenômenos reflexos bulbares e talâmicos (vasos-motor) e humorais;

---

[270] RIBOT, Theodore-Armand. *Essai sur les passions*. Paris: Bibliothéque de Philosophie Contemporaire. Félix Alcon Editor, 1923, p. 25
[271] HUNGRIA, Nelson H. *Comentários ao Código Penal*, vol. I, tomo II, 5. ed. Rio de Janeiro: Forense, p. 367 e s.

quarta, ricochete desses reflexos como novos estímulos à consciência; quinta, estado emotivo completo ou emoção verdadeira.

Segundo a explicação endocrinológica, a emoção resulta de um estímulo que determina, através do sistema nervoso, uma variação endócrina (de glândulas de secreção interna) e esta, por sua vez, repercute sobre o sistema nervoso, tornando-o mais suscetível à ação do estímulo. Cannon[272] vê no choque emotivo uma tempestade simpática ocasionada e acompanhada por um excesso de adrenalina e glicose no sangue. Monakov entende que há diversidade de hormônios segundo essa ou aquela emoção, e Speranski formula a hipótese de humores especificamente emotivos.

Os psicanalistas, de seu lado, refere o jurista, pretendem que toda emoção seja expressão dinâmica de um instinto, emanada de fontes conscientes ou inconscientes.

Hungria[273] refuta veementemente essa afirmação com base em que as alterações orgânicas seguem imediatamente à percepção do objeto e a consciência que se tem delas, à proporção em que se produzem, é que constitui a emoção como fato psíquico. Cita um exemplo esclarecedor de sua posição dizendo que

> [...] quando perdemos os nossos haveres, afligimo-nos e choramos; quando encontramos um urso, trememos e fugimos; quando somos insultados, irritamo-nos e reagimos. Ora, o que se deve dizer, embora pareça paradoxal, é que ficamos aflitos porque choramos, ficamos com medo porque tremetmos, ficamos irritados porque reagimos. Se a percepção não ocasionasse diretamente variações somáticas, não passariam de pura percepção, sem o menor calor emocional.

O problema, os questionamentos e o grau de dificuldade em interpretar o que o Código Penal quer dizer quando fala em emoção e paixão não são de hoje. Em 1967, Aníbal Bruno[274] já reconhecia a importância dos conceitos no campo da imputabilidade, afirmando a tendência de tratá-los de forma simplista por razões de política criminal. Reconhece que, em geral, reduzem-se aqueles estados psíquicos a uma fórmula esquemática simples, distinta da realidade e sujeitos a tratamento uniforme quando são sentimentos a exigir uma correta distinção para o adequado apenamento.

Nos tratados contemporâneos, a palavra *paixão* desaparece quase inteiramente, substituída pelo vocábulo *emoção*. Pelo seu conjunto na vida afetiva, a paixão deve ser colocada entre a emoção e a

---

[272] Referências retiradas de HUNGRIA, Nelson H. *Comentários ao Código Penal*, vol. I, t. II, 5. ed. Rio de Janeiro: Forense, 1978, p. 367-368.
[273] Idem, p. 367.
[274] BRUNO, Aníbal. *Direito Penal – Parte Geral*, t. 2. Rio de Janeiro: Forense, 1967, p. 159-160.

loucura, leciona Hungria.[275] É difícil, segundo o criminalista, indicar com clareza e exatidão a diferença entre emoção e paixão. Não há diversidade de natureza, porque a emoção é fonte de onde nasce a paixão; não há diferença de grau, pois, se há emoções calmas e paixões violentas, pode ocorrer também o contrário. Resta uma terceira diferença: a duração. Geralmente se diz que a *paixão* é um estado que dura; a emoção é a forma aguda, a paixão é crônica.

Mas todas essas explicações não bastam para a solução do que verdadeiramente importa, ou seja, se há na paixão a abolição da consciência – o que só se verifica nas doenças mentais. Quanto mais a consciência é provida de juízos inibitórios, menos dominante é a emoção, mais o psíquico resiste ao fisiológico. A emoção, do mesmo modo que a paixão (que é a emoção em *câmara lenta*), pertence à psicologia normal. Declarando-se responsáveis os criminosos emocionais ou passionais cria-se, com a ameaça da pena, um *motivo antiético*, que, transfundido na consciência individual, se alia às forças inibitórias ou repressivas da agitação fisiopsíquica.

Há uma passagem especialmente significativa nos *Comentários* de Hungria que merece transcrição integral:

> Entendemos que a emoção (ou a paixão explosiva), quando atinge o seu auge, reduz quase totalmente a "vis electiva" em face dos motivos e a possibilidade de autogoverno. Já alguém comparou, com justeza, o homem sob o influxo da emoção violenta a um carro tirado por bons cavalos, mas tendo à boléia um cocheiro bêbado. Na crise aguda da emoção, os motivos inibitórios tornam-se inócuos freios sem rédea, e são deixados a si mesmos os centros motores de pura execução. Dá-se a desintegração da personalidade psíquica. Dissocia-se o jogo das funções cerebrais.

Em seu tratado *A ira*, Sêneca, citado por Hungria,[276] distinguia entre o arranque ingovernável da emoção e o período da incipiência desta, em que é ainda impraticável a intervenção da vontade consciente e livre. Diz Sêneca que

> [...] a alma, uma vez aluída, lança-se de fora de sua sede, a nada mais obedece além do impulso que recebeu. Há coisas que, no seu início, dependem de nós, mas que, deixadas a si mesmas, nos arrastam por sua própria força e não mais permitem recuo. O homem que se lança ao fundo de um abismo não é mais senhor de si, e não pode deter-se nem diminuir sua queda; um despenhamento inelutável cortou toda a prudência, todo o arrependimento, e é-lhe impossível retornar ao momento ou posição em que podia ter deixado de cair. Assim a alma que se entrega à cólera, ao amor, a uma paixão qualquer, perde os meios de cortar-lhe o ímpeto.

---

[275] HUNGRIA, Nelson H. Op. cit., p. 369.
[276] Idem, p. 371-372.

Para Sêneca, o melhor é dominar-se a primeira irritação, matando-a em seu germe, pois, se ela consegue dominar os sentidos humanos, já não há mais como evitar seu império. Cumpre que desde o início se afaste o inimigo, pois se este avança, apoderando-se das portas da cidadela, não poderá receber os comandos de um prisioneiro.

Então, sob o aspecto psicológico, tanto a emoção quanto a paixão tem um efeito sobre a formação do ato de vontade, dado que a facilitam. Quem é levado pela veemência da paixão a realizar determinada ação supera os contraestímulos à ação criminosa mais facilmente do que aquele que atua de mente fria, reflete Bettiol.[277]

Constata-se, assim, que, por mais que desconhecidas dos criminalistas tradicionais do início e meados do século XX a origem e as causas da emoção, estes já intuíam as diferenças entre os criminosos de sangue frio, mais racionais, calculistas e perseverantes, dos criminosos de sangue quente, cujo ímpeto emocional não deixava margem à reflexão antes do cometimento do fato punível. As emoções e as paixões melhor dizem com os crimes passionais do que com os crimes seriais, conforme detalhada explicação de Adrian Raine exposta em momento anterior e oportuno deste trabalho.

4.2. Paixão e inimputabilidade – uma polêmica

Mais de uma indagação se impõe: por que são minoria os indivíduos que se deixam levar pela emoção até o extremo da reação pelo crime e qual a relevância para o Direito Penal das emoções e das paixões?

A resposta à primeira pergunta se evidencia por si mesma: é que há nesses indivíduos uma deficiência dos poderes de autocrítica e de autoinibição. Não se está a falar de pessoas constitucionalmente anormais ou incapazes de uma conduta normal. A normalidade não é um tipo rigidamente fixo, admite, sem desclassificar-se, variações para um *plus* ou para um *minus*. Não se deixa de reconhecer, nas exatas palavras de Hungria,[278]

> [...] que haja no fundo de cada um de nós um pequeno diabo, um malévolo djin, um criminoso *"in potentia"*, e o mais típico *"homo medius"* não está isento, tais sejam os motivos e as circunstâncias, de vir a cometer um crime. O crime não é um privilégio dos anormais.

---

[277] BETTIOL, Giuseppe. *Direito Penal.* Vol. II. São Paulo: Revista dos Tribunais, 1971, p. 83.
[278] HUNGRIA, Nelson H. Op. cit., p. 374.

A melhor explicação que o Direito Penal encontra para o cometimento do crime passional é que, por disposição congênita, aliada à uma educação deficitária sob o prisma ético-social, há indivíduos que apresentam, em relação a outros, um desfalque de resistência psíquica, e mais facilmente, por isso mesmo, cedem aos eventuais estímulos para a conduta antissocial.

Na formação da personalidade psíquica, não é jamais a vontade um "zero à esquerda", na análise de Hungria, ou um "conviva de pedra"; ainda que claudicante, pode, pela constância de um maior esforço de si mesma, evoluir entre essas concausas e se sobrepor a elas, por mais que conspirem no sentido de sua indisciplina.[279]

Certamente que há os hipersensíveis e os hipossensíveis, mas a hiper e a hipossensibilidade são atitudes temperamentais, e não índices de anormalidade psíquica.

Assim, se o indivíduo não se coíbe desde o início, permitindo que a emoção passe de brasa a incêndio, para atingir o seu clímax de agitação psíquico-motora e descarregar na reação criminosa, não é um despropósito que sua responsabilidade seja referida ao momento em que podia ter impedido o crescendo do estado emocional. Seu crime, na magistral apreensão de Hungria,[280] é uma *actio libera in causa*. Sua responsabilidade é idêntica e até mais evidente que a do indivíduo que comete o crime em voluntário estado de embriaguez, pois

> [...] desde que deixou de atalhar a empolgadura da emoção, quando podia fazê-lo, voluntariamente se entregou ao desvario, não só prevendo como querendo, ou aprovando "ex ante" a reação anti-social que em tal estado veio a praticar.

A resposta ao segundo questionamento – qual a relevância da emoção e da paixão para o Direito Penal – encontra-se no efeito sobre a imputabilidade penal. O Código, que se inspirou em princípios de rigor particular, estabelece em seu artigo 28 que a emoção e a paixão não excluem a culpabilidade. Não há que se deter nesta enunciação de caráter pragmático, mas para esclarecer a delicada questão é necessário interpretar sistematicamente a referida disposição. Há, em verdade, emoções e paixões de cunho mórbido e de fundo normal. Passa-se, como foi afirmado, de estados emotivos ou passionais que se podem, mesmo clinicamente, reconhecer como não mórbidos para formas tão avassaladoras que qualquer perito não hesitará em diagnosticar um estado anormal, especialmente

---

[279] HUNGRIA, Nelson H. Op. cit., p. 374.
[280] Idem, p. 375.

histérico ou esquizoide, mas de qualquer forma patológico. O fundo mórbido será aferido mediante detalhado exame pericial, atestando os peritos a doença mental compatível com a substituição da pena corporal pela medida de segurança. É claro que os estados extremos são casos de exceção, e, por assim o serem, o intuito do Código Penal é o de considerar como persistente a capacidade penal ao tempo do crime, apesar das emoções e das paixões que possam ter movido o indivíduo.

Assim, a imputabilidade não deixará de existir nos crimes emocionais e passionais e, portanto, esses movimentos psíquicos, por mais violentos e absorventes que se mostrem, não criam, no nosso Direito, nenhum problema de imputabilidade.

Só influi sobre a condição de imputável o estado emocional de fundo patológico, porque, então, cabe incluí-lo na expressão *doença mental* do Código e submetê-lo à disciplina do artigo 26.[281]

A questão pode ser transportada para além do campo da imputabilidade com a distinção proposta por alguns autores[282] para tratamento diferente entre paixões antissociais, legítimas e ilegítimas. Será esse um critério para a determinação da maior ou menor periculosidade do sujeito, mas nada tem a ver com a normalidade ou anormalidade do psiquismo deste no momento da ação. Se fosse colocado um parágrafo ou inciso referindo ao *estado de emoção violenta, que as circunstâncias fizerem escusável,* se deixaria ao juiz a ampla liberdade de apreciação dos fatos, mas ainda estar-se-ia fora do campo da imputabilidade. A estreita limitação que o nosso Código impôs a essa atenuante reflete a severidade do critério com que ele considera os estados passionais.

Mas esses conceitos retirados da doutrina penal mostram-se insuficientes para o deslinde da matéria que se objetiva estudar, de modo que, para que se possa apoderar do mínimo de conhecimento necessário para a melhor compreensão de como se desencadeia o crime passional, socorre-se, mais uma vez, da psiquiatria, mais precisamente da psicanálise.

Como bem referiu Rabinowicz,[283] "se quereis compreender o apaixonado, fechai o tratado de psicologia e abri o de patologia".

---

[281] Artigo 26 do Código Penal: é isento de pena o agente que, por doença mental ou desenvolvimento mental incompleto ou retardado, era, ao tempo da ação ou da omissão, inteiramente incapaz de entender o caráter ilícito do fato ou de determinar-se de acordo com esse entendimento. (Redação dada pela Lei nº 7.209, de 11.07.1984).

[282] Ferri e Altávilla, por exemplo.

[283] RABINOWICZ, Léon. Op. cit., p. 121.

Efetivamente, muito de patológico possui o amor possessivo. Mas a proposição que se apresenta não é a de trabalhar as doenças mentais que retiram do agente toda a capacidade de entendimento e determinação, deixando de lhe atribuir uma pena e conduzindo-o a tratamento por meio de medida de segurança. O objeto do olhar que se lança é para o crime da paixão, para o desencadear da violenta emoção que leva ao ilícito punível.

Ao se aproximar das margens da psiquiatria, algumas precauções se impõem. Esse saber, segundo Guillebauld,[284] é, ao mesmo tempo, preciso, rigoroso e exigente quanto às interpretações que dele se pode retirar. Produziu, além disso, sua própria linguagem, seus códigos e seus rituais. Freudianos, lacanianos e pós-lacanianos geralmente se opõem e suas teorias são herméticas para os leigos.

Daí a cautela em adentrar em tão específico estudo. Todavia, para o aprofundamento do tema, é imperativo partir-se de Freud e se chegar à moderna vertente de Melanie Klein,[285] na qual são valorizados aspectos da vida emocional de homens e mulheres inseridos em sociedades civilizadas, cujas manifestações são familiares a todos nós. E são exatamente estes aspectos que precisam ser conhecidos para se chegar ao cerne da temática proposta.

A violência é, indubitavelmente, parte do indivíduo, e sua origem preocupou os primeiros psicanalistas e criminalistas e perdura nos estudos dos contemporâneos, conforme salienta Gomes.[286] O Direito Penal não se abstém desta discussão, tanto que seu foco é precisamente a análise do crime, do homem criminoso, da sanção penal e do cumprimento da pena. A violência é o dia a dia dos advogados criminalistas e dos promotores de justiça e juízes que atuam na área criminal. Tanto que Bitencourt abre a Parte Especial de seu *Tratado de Direito Penal* com a lapidar frase: *"Falar em Direito Penal é falar, de alguma forma, de violência"*.

Um questionamento se torna imperativo: nascemos bons e somos corrompidos pela civilização, como entende Rousseau, ou nascemos cheios de pecados, assassinos, incestuosos e canibais e conquistamos o autocontrole pela renúncia instintiva, pelo enfraquecimento paulatino do *id* que cede lugar ao *ego* e ao *superego*, como afirmava Freud?

---

[284] GUILLEBAULD, Jean-Claude. *A Tirania do Prazer*. Rio de Janeiro: Bertrand, 1999, p. 396.
[285] KLEIN, Melanie; RIVIÈRE, Joan. *Amor, Ódio e Reparação*. São Paulo: Imago, 1975.
[286] GOMES, Roberto. *Violência e Crime em Carta ao meu Juiz de Georges Simenon: O Vértice da Psicanálise*. Porto Alegre: Revista de Psicanálise, vol. VII, nº 3, 2001.

Não se sabe ao certo e talvez nunca se venha a saber. Mas a cada ciclo surge uma nova mirada sobre a problemática da criminalidade, e esse novo olhar sob aspectos novos ou que passaram despercebidos lança novas luzes sobre a questão.

Ao organizar as ideias de Freud, Meneghini[287] fortalece o entendimento de que o ato criminoso pode ser decorrente de várias causas, como a solução para forte tensão conflituosa decorrente de um *superego* exigente, ou ser reação a um sentimento de passividade, sentimento esse vivenciado como idêntico a impulsos homossexuais, ou ainda estar associado e constituir medida defensiva contra sentimentos depressivos decorrentes da perda de algum objeto amado ou valorizado.

Em *Os Delinquentes por Sentimento de Culpa*, Freud[288] afirma que:

> Foi uma surpresa verificar que um incremento neste sentimento inconsciente de culpa pode transformar o indivíduo num criminoso. Mas se trata de um fato indiscutível. Em muitos criminosos, especialmente nos jovens, é possível descobrir um sentimento de culpa que existia antes do delito e se constituía, portanto, não no seu resultado, mas o seu motivo. É como se tivesse constituído um alívio o poder ligar este sentimento inconsciente de culpa a algo real e imediato.

Sobre a atuação criminal como defesa patológica do *ego*, conclusivo o estudo de Dalmau[289] que entende a conduta antissocial como uma defesa patológica do *ego* e serve para que um surto psicótico seja evitado pela atuação de energia destrutiva através de um ato criminoso, e a sociedade, por meio deste mecanismo, assume o papel de *superego* e libera o indivíduo de sua tensão intrapsíquica. O equilíbrio dentro da personalidade é preservado às expensas da sociedade. A sintomatologia psicótica incipiente como tensão crescente é aliviada centrifugamente numa ação criminosa que, por sua vez, persiste através desta operação, enquanto que por meio de um ato antissocial o indivíduo maneja a culpa consciente ao invés de ser torturado por culpa flutuante devida a uma luta interna inconsciente.

E conclui o autor que

> [...] a conduta criminal pode ser usada pelas pessoas como modo de aliviar grave tensão intrapsíquica que ameaça o "ego" e assim evitar o surto psicótico. O ato

---

[287] MENEGHINI, Luiz Carlos. *A Atuação Homicida Contra Ansiedades Psicóticas.* Porto Alegre: Revista de Psicanálise, vol. VI, nº 2, vol. 19, p. 52.

[288] FREUD, Sigmund. Os Criminosos por Sentimento de Culpa. In: ——. *Obras Completas de Sigmund Freud* (1914/1916). São Paulo: Companhia das Letras, 2016, p. 52.

[289] DALMAU, C. *Criminal behavior as a pathologic ego defense.* Washington, D.C: Archives of Criminal Psychodynamics, 1950, p. 161.

criminoso serve, portanto, como um "equivalente psicótico", enquanto que a integralidade do "ego" fica preservada.

Em 1934, Melanie Klein[290] constata que a fraqueza ou a falta de um *superego* não seriam as causas da conduta característica dos criminosos e associais, e sim a presença de impulsos extremamente destrutivos, ligados ao sadismo oral, anal e uretral, constatados através de sua técnica de análise infantil, o que levaria à formação de um *superego* severo e exigente. Estes conflitos, não sendo resolvidos satisfatoriamente na infância, fazem com que o círculo vicioso entre ódio, ansiedade e impulsos destrutivos mantenha-se hígido e o indivíduo em permanente tensão de situações de ansiedade primitiva, retendo os mecanismos de defesa próprios a esta etapa primitiva.

Em suas palavras,

> [...] se, então, o medo do superego, seja por motivos internos ou intrapsíquicos, excede certos limites, o indivíduo pode ser compelido a destruir pessoas e esta compulsão pode formar a base para o desenvolvimento seja de um tipo criminoso, seja de uma psicose. Assim, vemos que as mesmas raízes psicológicas podem desenvolver-se para a paranóia ou para a criminalidade. Certos fatores levarão, no criminoso, a uma maior tendência a suprimir fantasias inconscientes e a fazê-las atuar na realidade. Fantasias de perseguição são comuns a ambas as condições; é porque o delinquente se sente perseguido que ele trata de destruir os outros.

Para Freud, duas são as forças cuja interação determina a conduta: a energia vital, conhecida como libido, e a energia destrutiva, que carrega em si os impulsos da morte.

Tanto rebate Heimann[291] ao comentar os crimes sádicos:

> Eu proporia que a teoria dos dois instintos básicos de Freud, em luta um contra o outro, e a ideia do instinto de morte defletido para fora pelo instinto de vida, nos possam dar uma ideia das forças em jogo. Penso justificar-se a hipótese de que, em casos de crueldade brutal, como que ocorre uma espécie de desastre instintivo, de que a fusão entre os dois instintos primários por alguma razão foi rompida, e de que o instinto de morte se aguça dentro do próprio indivíduo em um grau extremo, sem qualquer mitigação pelo instinto de vida; assim, a última defesa do indivíduo é a mais primitiva, isto é, a crua deflexão sobre uma vítima do perigo interno de um sofrimento atroz e de morte. Esta suposição, por si só, me parece explicar a ausência de qualquer empatia para com o sofrimento da vítima, a necessidade de tantos detalhes selvagens quanto possíveis no ato homicida e a satisfação obtida com os sofrimentos da vítima (satisfação erroneamente considerada como de natureza

---

[290] KLEIN, Melanie. On Criminality, In: ——. *Contributions to psychoanalysis*. 2. ed. London: Hogarth, 1950, p. 280.
[291] HEIMANN, Paula. Notes on the theory of the life and death instincts. In: KLEIN, M; HEIMANN, P; ISAACS, S; RIVIÈRE, J. *Developments in psychoanalysis*. London: Hogarth, 1953, p. 329.

sexual). O assassino deve sentir a fúria da morte dentro de si mesmo, num grau tão intenso – porque não está controlado pelo instinto da vida – que somente um desvio para fora dele poderá salvá-lo.

Esta "catástrofe instintiva" referida por Heimann, segundo observa Meneghini,[292] geralmente é desencadeada pela perda de um objeto amoroso e, na impossibilidade de elaborar a depressão consequente, o homicida regride à posição esquizoparanoide e, por identificação projetiva, vê na vítima suas próprias partes perigosas, que procura, então, aniquilar.

A sagaz observação do psicanalista gaúcho vem reforçada por Hyatt,[293] após investigação realizada por meio do tratamento analítico de sete homicidas, no qual constata o papel das ansiedades persecutórias e depressivas no desencadeamento da atuação criminosa e a significativa importância dos processos dissociativos e da qualidade destrutiva da inveja nestes pacientes. Afirma que um padrão pode ser visto nos homicidas, cujos comportamentos básicos são a ansiedade persecutória e a compaixão. O suicídio não está afastado e por muito pouco não foi consumado. A presença da depressão pode conduzir ao suicídio ou à morte do objeto amado.

A violência se relaciona com o suicídio e com o homicídio como dois lados da mesma moeda, afirma Gomes.[294] Nada mais são do que formas de lidar com a experiência de sentir-se ameaçado, de ser dominado pelo objeto.

E por ser considerado um objeto, prossegue Gomes,[295] o próprio corpo, ou o corpo do ente amado, sofre um violento ataque. É a forma encontrada para acabar com o dilema e libertar-se do outro – ou dentro de si mesmo, o que conduz ao suicídio, ou pela aniquilação do outro na própria vítima, o que configuraria o homicídio. Nesse processo o corpo é tratado como se fosse a mente. É o corpo da mãe que é atacado na fantasia. Tem-se, aí, uma específica configuração da cena primária da eliminação do primeiro objeto de amor.

Na contemporaneidade, Rivière[296] não se afasta muito das ideias de Freud ao assegurar que "duas dentre as fontes principais dessas manifestações emocionais familiares são os dois grandes ins-

---

[292] MENEGHINI, Luiz Carlos. Op. cit., p. 361.

[293] HYATT, Williams. *A psychoanalytical approach to the treatment of the murderers*. London: The International Journal of Psyco-Analysis, 41:538, 1960.

[294] GOMES, Roberto. Op. cit., p. 555.

[295] Idem, ibidem.

[296] RIVIÈRE, Joan. Op. cit., p. 15.

tintos primários do homem; fome e amor, ou seja, o instinto de autopreservação e o instinto sexual".

Se o nascimento confronta-se com a experiência da necessidade, e se diante dela podem se manifestar duas reações, ambas presentes em proporções variáveis, a promoção da vida que leva à procura do objeto e do amor e, eventualmente, à preocupação pelo objeto, a outra é um impulso para aniquilar a necessidade e consequentemente a percepção da experiência emocional.

Conclui-se, então, que nos achamos fundamentalmente dedicados a assegurar os meios de nossa existência e, simultaneamente, retirar prazer dessa existência. Por outro viés, nem sempre somos capazes de estruturar nosso psiquismo de forma a aprender a amar o objeto primeiro de nosso impulso primário, surgindo, então, o desejo de destruição dessa necessidade afetiva.

Árdua tarefa, cuja luta começa-se a travar já nos primeiros dias de vida.

O primeiro objeto de amor e ódio do ser humano é justamente a sua mãe. Segundo Klein,[297] e no mesmo sentido de Rivière, o recém-nascido estabelece com sua mãe, especificamente com o seio materno que o nutre e lhe assegura a sobrevivência, uma poderosa relação de amor e ódio. No começo ele ama a mãe, pois ela satisfaz suas necessidades de alimento, alivia suas sensações de fome e lhe oferece o prazer sensual quando sua boca é estimulada pelo sugar do seio. Essa gratificação é parte essencial da sexualidade da criança, e na realidade sua expressão inicial.

Mas quando o bebê sente fome e seus desejos não são gratificados, prossegue a autora, ou quando sente dor ou desconforto físico, toda a situação subitamente se altera. O ódio e os sentimentos agressivos são despertados, e ele se vê dominado pelo impulso de destruir a pessoa mesma que é objeto de todos os seus desejos e que em sua mente está ligada a tudo o que ele experimenta – seja de bom ou de mau.

Melanie Klein é enfática ao afirmar que

> [...] o bebê, para quem a mãe é antes de tudo apenas um objeto que satisfaz a todos os seus desejos – um seio bom, por assim dizer – começa pouco a pouco a corresponder a essas gratificações e aos seus cuidados através de crescentes sentimentos de amor já com ela como pessoa. Mas esse primeiro amor já está perturbado em suas raízes por impulsos destrutivos. Amor e ódio lutam entre si na

---

[297] KLEIN, Melanie. Op. cit., p. 83-84.

mente do bebê, e essa luta persiste, até certo ponto, durante toda a vida, podendo tornar-se uma fonte de perigo nos relacionamentos humanos.

Amor, ódio, agressividade, sentimento de culpa, inveja, ciúme e inúmeros outros sentimentos se entrelaçam na formação da psique do indivíduo e em maior ou menor grau, extremamente variáveis caso a caso, terminam por formar sua personalidade e a maneira como viverá as experiências e os envolvimentos amorosos da vida adulta.

Convém mencionar os sentimentos de ódio e ciúme inevitavelmente associados aos crimes passionais.

Inicia-se pelo sentimento de ódio e, para tanto, reporta-se à Rivière,[298] que afirma ser ele distribuído mais livremente do que o amor, embora escondamo-lo mais profundamente. Tal se deve ao fato de que, nos adultos normais e psicologicamente estáveis, boa proporção de seus impulsos agressivos volta-se para o interior de si mesmos, na tarefa de conter, controlar e regular o fluxo, a intensidade e o rumo de todas as emoções, sejam amorosas e harmonizadoras, sejam vingativas e destruidoras.

Quando o indivíduo vem a distorcer por completo sua percepção do que é bom ou mau no ambiente que o rodeia, torna-se impossível para ele manter um verdadeiro sentido da realidade, o que ocorre nos casos de doença mental. Talvez o sentimento mais pulsante nos crimes da paixão seja o ciúme, já que ele representa uma reação de ódio e agressividade a uma perda ou ameaça de perda.

Uma característica do ciúme referida pela autora[299] é o sentimento de humilhação que inevitavelmente o acompanha, devido à afronta à autoconfiança e à sensação de segurança de cada um.

Acentua a autora que

[...] a perda da autoconfiança nem sempre é experimentada pelo indivíduo ciumento. Se refletirem bem, observarão que, quanto mais furioso e agressivo se apresenta, menos humilhado se sente e vice-versa, quanto menos agressivo e encolerizado, mais sucumbido e deprimido está.

O ciumento se julga incapaz de ser amado, ou, em outras palavras, vê-se odiável. E a sensação de desvalia que acarreta essa noção de ser indigno de ser amado é insuportável. Isso, ainda segundo Rivière, explica a amargura e a pungência do ciúme.

---

[298] RIVIÈRE, Joan. Op. cit., p. 31.
[299] Idem, p. 66.

Quem perdeu a pessoa amada, ou julga que irá perdê-la, reage não apenas à perda do seu amor ou da sua posse, mas a ambos. Seu valor perante si mesmo e, portanto, sua segurança no mundo de sua própria mente e no mundo externo restam profundamente abalados. Rivière sustenta que este valor diante de si mesmo pode ser representado por força, inteligência, potência sexual, virtudes morais, riqueza – qualquer desses símbolos de bondade, variáveis de pessoa a pessoa – e espelham, por assim dizer, os recursos de que dispõe para contrabalançar os perigos que existem em seu interior, e, principalmente, proteger-se contra eles. Ao ser abandonado, ou crer-se abandonado, essas estruturas desmoronam e sentimentos destrutivos, escondidos e camuflados, emergem muitas vezes com força tal que fazem eclodir o crime passional.

Certos homicídios são chamados de *passionais*, por derivarem da paixão, por serem cometidos pela paixão. Porém, todo crime é, em certa medida, passional, por resultar de uma paixão no sentido amplo do termo. Em linguagem jurídica, entretanto, convencionou-se chamar de passional apenas os crimes cometidos em razão de relacionamentos amorosos ou sexuais.

No delito passional, observa Roque de Brito Alves,[300] a motivação constitui "uma mistura ou combinação de egoísmo, de amor próprio, de instinto sexual e de uma compreensão deformada da justiça". Essa deformação consiste na convicção que o criminoso passional tem de ter agido conforme seus direitos.

Rabinowicz[301] constata o quanto tem de perplexidade esse

> [...] curioso sentimento o que nos leva a destruir o objeto de nossa paixão. Mas não devemos extasiar-nos perante o fato: é, antes, preferível deplorá-lo. Porque o instinto de destruição é apenas o instinto de posse exasperado. Principalmente quando a volúpia intervém na sua formação. Porque a propriedade completa compreende, também, o "jus abutendi" e o supremo ato da posse de uma pessoa é a posse na morte.

Nietzsche[302] já antevia que todo grande amor faz nascer a ideia cruel de destruir o objeto desse amor, para subtrair para sempre ao jogo sacrílego das mudanças, porque o amor teme mais as mudanças do que a destruição.

---

[300] ALVES, Roque de Brito. *Ciúme e Crime*. Recife: Editora Fasa/Unicamp, 1984, p. 18.
[301] RABINOWICZ, Léon. Op. cit.
[302] Referência retirada de NIETZSCHE, Friedrich. Para Além do Bem e do Mal. In: ——. *Coleção Grandes Obras do Pensamento Universal* – 31 – 3ª ed. São Paulo: Editora Escala, 2011.

Sábias palavras as do psiquiatra Brian Weiss[303] quando aconselha que é sempre mais seguro amar completamente, sem reservas. Nunca se é verdadeiramente rejeitado, pois só quando o homem se deixa envolver pelo ego é que se torna vulnerável e facilmente ferido em seu amor-próprio. "O amor em si é absoluto e envolvente. Nunca tire a alegria do outro. Nunca tire a vida do outro".

Vários exemplos de crimes passionais ocorridos no Brasil poderiam servir de ilustração ao presente trabalho. Optou-se por três deles em razão da repercussão que tiveram na época e por bem indicarem os conflitos íntimos do agente criminoso.

Doca Street e Ângela Diniz viviam um romance intenso e tempestuoso. Ângela era rica, bonita e voluntariosa; Doca, de poucas posses, gostava da vida de luxo, *glamour* e facilidades propiciadas pela companheira. Em Búzios, onde se encontravam em férias, desencadeou-se uma violenta discussão baseada no ciúme de Doca pelo comportamento volúvel de Ângela que, por sua vez, ameaçava abandoná-lo. Segundo uma empregada da casa, Doca explorava financeiramente a companheira. Promíscua e desregrada, Ângela relacionava-se sexualmente com homens e mulheres, o que aumentava os atritos entre o casal. No dia 30 de dezembro de 1976, as brigas culminaram no homicídio de Ângela ocasionado pelo disparo de três tiros no rosto e um na nuca. O autor era Doca, que fugiu do local. Quando se apresentou à polícia acompanhado do grande causídico Evandro Lins e Silva, assumiu a autoria do delito e alegou violenta emoção e legítima defesa da honra. Devidamente processado, foi pronunciado e julgado pelo Tribunal do Júri. Condenado a uma pena diminuta, dois anos de reclusão com *sursis* (suspensão condicional da pena), não precisaria recolher-se à prisão. Era praticamente a absolvição. Evandro Lins e Silva usou a tese da legítima defesa da honra, com excesso culposo, e conseguiu o prodígio de uma pena praticamente inexistente.

Comentando o caso, Heleno Cláudio Fragoso assim o definiu:

> O que está acontecendo em Cabo Frio é uma desigualdade de nosso sistema judiciário, que é seletivo, opressivo e substancialmente injusto. Há todo um clima de festividade, de circo armado e programado para mostrar algo que merece ser condenado. Toda uma promoção que não atinge a milhares de crimes iguais. A defesa é facilitada pela vida pregressa da vítima, mas, por outro lado, a prova técnica é muito forte, sempre favorável à acusação. Além do mais, não aceito esse tipo de

---

[303] WEISS, Brian. *A Divina Sabedoria dos Mestres*. Rio de Janeiro: Sextante, 1999, p. 78.

alegação sobre violenta emoção. Isso é coisa do passado, argumento muito aceitável na década de 30.[304]

O sentimento de revolta da população com o resultado e o recurso interposto pelo promotor de justiça e pelo assistente de acusação Evaristo de Moraes Filho surtiram efeito e o primeiro júri foi anulado.

No segundo julgamento, Doca foi condenado por homicídio qualificado a quinze anos de reclusão. O Júri entendeu que ele não agiu em legítima defesa de direito, muito menos do direito de defender sua honra ferida.[305]

A partir daí, a tese da legítima defesa da honra, comumente utilizada por homens que matavam suas companheiras, perdeu a benevolência da sociedade. O rumo da igualdade no tratamento dispensado a ambos os gêneros passou a ser respeitado, e raros homicidas, atualmente, usam desse expediente em busca da absolvição.[306]

A legítima defesa da honra afigura-se uma afronta à Constituição Federal que preconiza, em seu artigo 5º, inciso I, a igualdade de direitos entre homens e mulheres. Sua alegação em plenário de Júri não pode mais ser suscitada sob pena de incitação à discriminação de gênero.

Com o intuito de bem demonstrar que o crime passional pode ser cometido também por mulheres, escolheu-se o caso de Dorinha Duval.

Na madrugada do dia 5 de outubro de 1980, no Rio de Janeiro, a atriz Dorinha Duval, nome artístico de Dorah Teixeira, de 51 anos de idade, matou, com três tiros, seu marido, o cineasta Paulo Sérgio Garcia de Alcântara, dezesseis anos mais moço.

Após os disparos, com o marido gravemente ferido, a própria Dorinha levou-o ao hospital, onde ele veio a falecer. Alegando ter atirado acidentalmente, Dorinha passou a ser medicada com fortes sedativos em razão de a família temer que viesse a suicidar-se.

Nas palavras de Dorinha, na noite do crime, ela e o marido foram jantar na casa de um amigo. Depois, em casa, tentou abraçá-lo e foi rechaçada mais de uma vez. Segundo ela, iniciou-se uma

---

[304] Referências retiradas de ELUF, Luíza Nagib. *A Paixão no Banco dos Réus*. São Paulo: Saraiva, 2003, p. 145.

[305] Referências retiradas de artigos de jornais *O Estado de São Paulo*, *Folha da Tarde* e *Jornal da Tarde*.

[306] Referências retiradas de ELUF, Luíza Nagib. Op. cit., p. 165.

discussão, e as palavras foram ficando cada vez mais ásperas, até que o marido disse que não gostava mais dela, que ela era uma velha e que ele, agora, só apreciava meninas novas, de corpo rijo.

Tentando contornar a situação, Dorinha disse que faria uma plástica, ao que o marido respondeu que "você não dá mais, nem com operação".

A discussão então ficou mais violenta, incluindo agressões físicas. Foi quando Dorinha pegou o revólver calibre .32 e acionou o gatilho quatro vezes. Três tiros atingiram Paulo Sérgio, e o quarto não saiu porque o revólver enguiçou.

A defesa alegou legítima defesa, uma vez que o laudo pericial atestou que Dorinha apresentava hematomas no corpo, provavelmente em decorrência das agressões.

Segundo Eluf,[307] "a versão da legítima defesa era plausível, não fosse o fato de que Dorinha já ter contado outra história diferente quando foi interrogada na polícia em juízo".

Ainda que condenada, Dorinha saiu-se bem. Sua pena foi de um ano e meio de prisão, com *sursis*. O Conselho de Sentença convenceu-se da legítima defesa e condenou-a apenas por excesso culposo.

A acusação, porém, recorreu, e o julgamento foi anulado por falha nos quesitos e suspeição de jurado.

No segundo julgamento, onze anos depois do primeiro, Dorinha foi condenada a seis anos de prisão, em regime semiaberto. Cumpriu sua pena e encontra-se em liberdade.[308] [309]

O homicídio de Sandra Florentino Gomide por Antônio Marcos Pimenta Neves é o clássico caso de crime passional.

No dia 20 de agosto de 2000, em um haras localizado no município de Ibiúna, em São Paulo, o jornalista Pimenta Neves, de 63 anos, diretor de redação de *o Estado de São Paulo*, tomado de ciúme e rancor pela ex-namorada Sandra Gomide, de 32 anos, alvejou-a com dois tiros. O primeiro, dado pelas costas, derrubou-a ao solo. O segundo, disparado à queima-roupa no ouvido da vítima, acabou por matá-la. O homicídio foi presenciado pelo funcionário do haras, João Quinto de Souza.

---

[307] ELUF, Luíza Nagib. Op. cit., p. 74.
[308] Referências retiradas de ELUF, Luíza Nagib. Op. cit., p. 71-75.
[309] Artigos retirados dos arquivos dos jornais *O Estado de São Paulo*, *Jornal da Tarde* e *o Globo*.

Durante os quatro anos que durou o namoro, a relação entre ambos foi conturbada, com várias brigas e reconciliações. A cada rompimento, relata Eluf,[310] Pimenta exigia que Sandra devolvesse todos os presentes que ele lhe havia dado. Achava que tudo o que Sandra possuía, do emprego ao salário e aos amigos, devia a ele. Pimenta era poderoso, bem de vida e arrogante; Sandra era uma jovem simples, em posição subalterna a ele na carreira jornalística. Entre ambos havia uma diferença de 31 anos de idade.

Extremamente ciumento, Pimenta Neves ficava desconfiado quando Sandra se aproximava de algum colega de trabalho de sua idade e tinha rompantes de cólera assustadores. Contratava motoristas para segui-la, chegando a alugar um apartamento em frente ao dela para vigiá-la.

Finalmente, Sandra rompeu definitivamente a relação, negando-se a reatar o relacionamento apesar da insistência do ex-companheiro.

Abalado mentalmente, Pimenta Neves pediu demissão do jornal, procurou ajuda psiquiátrica e após dez sessões ainda não havia apresentado melhora.

No domingo em que foi morta, Sandra dirigiu-se ao haras Setti, onde praticava equitação. Pimenta lá se encontrava, escondido, aguardando a chegada da vítima. Aproximou-se dela, pediu para que entrasse em seu automóvel, e diante da negativa e desinteresse demonstrados por ela, desferiu-lhe os dois tiros e fugiu do local.

Em seu interrogatório policial, Pimenta Neves[311] disse que:

> [...] quando eu atirei na Sandra, não saquei a arma para atirar nela, mas sim para intimidá-la a conversar comigo, dar as explicações de que eu precisava. Eu sempre fui um homem extremamente racional, lógico, mas naquele momento eu não estava em um estado emocional que me teria impedido de cometer esse gesto brutal. Toda a minha vida foi construída em torno dela nestes últimos quatro anos. Eu idolatrava o chão que ela pisava.

Réu confesso, esteve preso em razão de preventiva até 2001, quando um *habeas corpus* impetrado por seu advogado Antônio Carlos Mariz de Oliveira concedeu-lhe o direito de aguardar o julgamento em liberdade. Em 2011, o Supremo Tribunal Federal confirmou a pena, e Pimenta Neves foi preso. Em 2016, foi-lhe concedido

---

[310] ELUF, Luíza Nagib. Op. cit., p. 102.
[311] Idem, p. 106

o benefício do regime aberto por bom comportamento. Encontra-se em liberdade.[312]

Ninguém mata por amor, diz Eluf.[313] Os sentimentos que dominam o espírito do criminoso passional são o ódio, a vingança, o rancor, a egolatria, a autoafirmação, a prepotência, a intolerância, a preocupação com a imagem social e a necessidade de exercer o poder.

Embora se concorde com as deduções de Eluf, reputa-se de fundamental importância voltar a referir que o ciúme e a sensação de menos-valia que eles acarretam trazem o desassossego do espírito, a inquietação e o temor da perda da pessoa amada, podendo facilmente desaguar no crime passional.

Em que pesem tais considerações, a Psiquiatria, e mais precisamente a Psiquiatria Forense, longe está da resposta definitiva sobre o que leva o indivíduo a se tornar um homicida, mas lança, a cada dia, um olhar mais aprofundado e longínquo sobre a alma humana, daí ser imprescindível aos operadores do direito dela utilizarem-se, especialmente quando o foco de sua atuação encontra-se centrado no Direito Penal.

4.3. Os crimes passionais, os sistemas e a bioquímica cerebral

Ao contar-se com a Psiquiatria e a Psicanálise em busca do "santo graal" dos motivos da criminalidade passional, retorna-se à neurociência para chegar-se mais perto da resposta pretendida.

Refere Damásio[314] que na verdade existem elementos químicos em nosso organismo capazes de impor comportamentos que se pode ou não eliminar por meio da força de vontade. Cita como exemplo a *oxitocina*, substância química produzida no cérebro dos mamíferos, inclusive os seres humanos (hipotálamo), e no corpo (ovários ou testículos).

Sobre a oxitocina, diz o neurologista,[315] esta

---

[312] A história de Pimenta Neves e Sandra Gomide está baseada em matérias publicadas pela revista *Veja* de 28/09/2000 e do jornal *Folha de São Paulo*.
[313] ELUF, Luíza Nagib. Op. cit., p. 197.
[314] DAMÁSIO, António R. Op. cit., p. 150.
[315] Idem, ibidem.

> [...] pode ser liberada pelo cérebro a fim de participar, por exemplo, diretamente ou por hormônios interpostos, na regulação do metabolismo; ou pode ser liberada pelo corpo, durante o parto, durante a estimulação sexual dos órgãos genitais ou dos mamilos ou ainda durante o orgasmo, quando atua não só sobre o próprio corpo, mas também sobre o cérebro. Seu efeito não fica nada atrás do efeito dos elixires lendários.[316]

Além de induzir sentimentos nobres, como o amor materno, a oxitocina funciona como poderoso estímulo à excitação sexual, às interações sociais e à ligação entre os parceiros amorosos.

Em momento pretérito, procedeu-se à explicação sobre onde se localizam e para o que servem o hipotálamo, o tronco cerebral e o sistema límbico. Esses sistemas retornam agora para se tentar chegar à origem das emoções.

Para Damásio,[317] esses sistemas intervêm na regulação do corpo e em todos os processos neurais em que se baseiam os fenômenos mentais, entre eles a emoção e os sentimentos.

Damásio[318] refere que, há cerca de um século, William James apresentou uma hipótese inédita e surpreendente acerca das emoções e sentimentos. Assim pode resumir-se seu pensamento:

> Se imaginarmos uma emoção forte e depois tentarmos abstrair da consciência dela todos os sentimentos de seus sintomas corporais, veremos que nada resta, nenhum "substrato mental" com que constituir a emoção, e que tudo o que fica é um estado frio e neutro de percepção intelectual.

Todavia, William James não estipulou um mecanismo alternativo ou suplementar para criar o sentimento correspondente a um corpo excitado pela emoção. Para ele, o corpo encontra-se sempre interposto no processo da emoção. Também não encontrou explicação para as possíveis funções da emoção na cognição e no pensamento.

As emoções desempenham importante função na comunicação de significados a terceiros e podem ter papel de orientação cognitiva.

Em linhas básicas, a proposição de James é a de que havia um mecanismo biológico básico em que determinados estímulos do meio ambiente excitam, por meio de um mecanismo inflexível e congênito, um padrão específico de reação do corpo. Segundo suas

---

[316] É bastante comum, na mitologia, encontrar-se referência a elixires, poções farmacológicas que induziam ao amor, ao esquecimento, à força, etc. A oxitocina é o elixir da modernidade conforme RAINE, Adrian. Op. cit., p. 150.

[317] DAMÁSIO, António R. Op. cit., p. 131.

[318] Idem, p. 138.

palavras, "cada objeto que excita um instinto excita também uma emoção".

Porém, sabe-se que as emoções só são desencadeadas, em muitas situações da vida como seres sociais, após um processo mental de avaliação que é voluntário e não automático.

Damásio diferencia as emoções experimentadas na infância como "emoções primárias" das que se vivenciam quando adultos, as "emoções secundárias". Ressalta que as emoções secundárias constituem-se a partir e sobre aquelas emoções iniciais.

Se as reações emocionais se encontram instaladas desde o nascimento é uma questão polêmica. Não é forçoso admitir que os animais ou os seres humanos apresentem previamente instalados sentimentos de medo, de um som ou de um animal, por exemplo. Essas características seriam processadas e detectadas individualmente ou em conjunto, por um componente do sistema límbico (a amígdala), cujos núcleos neuronais possuem uma representação dispositiva que desencadeia a ativação de um estado do corpo, característico da emoção de medo, e que altera o processamento cognitivo de modo a corresponder a esse estado de medo.[319]

A reação emocional pode levar a duas reações: a de fuga ou a de acautelamento. Foge-se quando diante de um perigo ou sensação de perigo, ou acautela-se, procede-se de forma preventiva para evitar o perigo.

As emoções inatas, primárias ou pré-organizadas, dependem da rede do sistema límbico já referido, com relevante participação da amígdala, que representa a ligação com a emoção.

Se as emoções primárias não bastam para descrever a imensa gama de componentes emocionais, apesar de constituírem o processo básico, é necessária a análise das emoções secundárias, que ocorrem quando mal se começa a esboçar sentimentos e a formar ligações entre categorias de objetos e situações às emoções já instaladas (primárias).

As emoções secundárias não se apoiam apenas no sistema límbico, necessitando da intervenção do córtex pré-frontal e somatossensorial.[320]

A pergunta que não quer calar é *o que é viver a experiência de uma emoção*, o que é sentir-se tomado por uma emoção. Ao expe-

---

[319] Referências retiradas de DAMÁSIO, António R. Op. cit., p. 160.
[320] Idem, p. 164.

rimentar-se alegria ou pesar, o cérebro registra uma mudança no funcionamento das vísceras, musculatura esquelética e glândulas (pituitária e suprarrenais). O cérebro também libera moduladores peptídicos para a corrente sanguínea e o sistema imunológico se altera com a contração e o estreitamento dos vasos sanguíneos, ocasionando palidez ou rubor.

Doentes com lesões pré-frontais apresentam apenas processamento emocional secundário. São capazes de sentir emoções primárias, como o medo, mas não conseguem gerar emoções e sentimentos associados a imagens ou acontecimentos.

Já os doentes com lesão no sistema límbico, na amígdala ou cíngulo registram uma diminuição tanto nas emoções primárias quanto nas secundárias, sendo mais limitados em sua afetividade.

A natureza não selecionou mecanismos independentes para exprimir emoções primárias e secundárias, com o que as segundas se expressam através das primeiras, já preparadas orgânica e evolutivamente para servir de andaime para a construção do edifício das emoções.

Diz Damásio[321] com propriedade que

[...] vejo a essência da emoção como a coleção de mudanças no estado do corpo que são induzidas numa infinidade de órgãos por meio das terminações das células nervosas sob o controle de um sistema cerebral dedicado, o qual responde ao conteúdo dos pensamentos relativos a uma determinada entidade ou acontecimento. Muitas das alterações do estado do corpo – na cor da pele, postura corporal e expressão facial, por exemplo – são efetivamente perceptíveis para um observador externo.

Tão acertada sua assertiva que a própria etimologia da palavra emoção significa "movimento para fora". A emoção, em sua essência, volta-se para fora do indivíduo, deixa-se transparecer, é constatável aos olhos dos outros. Poucos são os que conseguem encobrir esse estado psíquico dos que o cercam.

A especificidade dos sistemas neurais dedicados à emoção foi demarcada a partir de estudos sobre lesões cerebrais específicas. Alguns cientistas[322] estabeleceram uma interessante correlação neural para as emoções humanas: as estruturas no hemisfério cerebral direito registram um envolvimento preferencial no processamento básico da emoção. Outros,[323] acrescentaram provas significativas da

---

[321] DAMÁSIO, António R. Op. cit., p. 168.
[322] Cita-se, como referência, Roger Sperry, Joseph Bogen e Michael Gazzaniga.
[323] Howard Gardner e Kenneth Heilman. Referências retiradas de DAMÁSIO, António R. Op. cit., p. 169.

dominância do hemisfério direito nas emoções. Damásio menciona que a investigação em curso em seu laboratório aponta a ideia de assimetria no processo emotivo, ressaltando, todavia, a existência de indicações que essa assimetria não se reporta de igual modo a todas as emoções.[324]

A essência da tristeza ou da felicidade é a percepção combinada de estados corporais e de pensamentos que estejam justapostos. Esta justaposição deve ser complementada por uma alteração no estado e na eficiência do processo de pensamento. Tanto o estado do corpo quanto a eficiência e o estilo do conhecimento foram acionados pelo mesmo sistema, concordantes entre si.

Mas importa saber como *sentimos um sentimento*, e talvez a explicação esteja na recepção de um amplo conjunto de sinais sobre o estado do corpo nas zonas cerebrais apropriadas ou a correlação entre a representação do corpo que está em curso e as representações neurais que constituem o Eu.

Ainda não se tem a certeza necessária para uma resposta cabal a respeito de como sentimos as emoções. O que se pode afirmar é que o caminho foi encontrado. Percorrê-lo e alcançar o seu final é apenas uma questão de tempo. O que se sabe é que o corpo exerce um papel de significativa importância para o aparecimento e o fluir das emoções. Tal fato é inquestionável. Pode-se, sem dúvida, perguntar onde se origina o *sentir o sentimento*.

Estudos neuropsicológicos provam que os estados do corpo provocam sentimentos. A perda desses estados do corpo, com lesões em regiões necessárias à sua representação, acarretam a perda dos sentimentos.

O intrigante é que em indivíduos normais também ocorrem esses fenômenos. Instruídos sobre mover os músculos da face para simular uma determinada expressão emocional, quando testados experienciaram o sentimento correspondente à expressão determinada pelo pesquisador.[325] Por exemplo, uma expressão facial feliz composta de forma tosca e incompleta levou os examinados a sentir "felicidade"; uma expressão zangada a sentir "raiva", e assim sucessivamente.

Ressalta Damásio[326] que o mais impressionante nos experimentos, se se considerar que eles apenas detectavam expressões faciais

---

[324] DAMÁSIO, António R. Op. cit., p. 169.
[325] O pesquisador referido é Paul Ekman, segundo DAMÁSIO, António R. Op. cit., p. 179.
[326] DAMÁSIO, António R. Op. cit., p. 178-179.

imprecisas e fragmentadas, e como não estavam percebendo ou avaliando uma situação real que pudesse desencadear a felicidade, a raiva ou outra emoção, seus corpos não poderiam ter, de início, o perfil visceral que acompanha uma emoção verdadeira.

A conclusão é que a experiência sugere que um fragmento do padrão corporal característico de um estado emocional é suficiente para produzir um sentimento do mesmo sinal, ou que o fragmento desencadeia o resto do estado do corpo e conduz ao sentimento.

Mas nem todas as partes do cérebro se deixam enganar, por assim dizer, por um conjunto de movimentos que não é produzido pelos meios habituais. A felicidade, a tristeza ou a cólera experimentadas pelo corpo atingem o cérebro acarretando o sentimento de felicidade, tristeza ou raiva. São os chamados "meios habituais". É em Damásio[327] que se encontra o aporte para a afirmação de que "novos dados provenientes de registros eletrofísiológicos mostram-nos que os sorrisos simulados originam padrões de ondas cerebrais diferentes dos impulsos criados pelos sorrisos verdadeiros". E prossegue, referindo-se à experiência de criar o sentimento a partir de sua simulação, que,

> [...] embora relatassem um sentimento adequado ao fragmento de expressão facial, os indivíduos estavam plenamente cientes de que não se sentiam felizes ou zangados em relação a algo em particular. Não conseguimos enganar a nós próprios, tal como não conseguimos enganar os outros quando só sorrimos por cortesia, e é exatamente isso que o registro elétrico parece estabelecer de forma clara.

A existência de sentimentos de emoções universais básicas são as mais conhecidas e as que menos necessitam de explicação. Não se mostra necessário retornar-se aos conceitos dos sentimentos de felicidade, tristeza, cólera, medo e nojo. Eles são comuns a toda a espécie humana. Os sentimentos de emoções universais sutis derivam, ou são pequenas variantes, das cinco antes mencionadas. Ou seja: a euforia e o êxtase são variantes da felicidade; a melancolia e a ansiedade são variantes da tristeza; o pânico e a timidez são variantes do medo. Ocorrem, portanto, quando gradações mais sutis do estado cognitivo são conectadas a variações mais sutis de um estado emocional do corpo.

O sentimento de fundo merece mais detida análise, pois, conforme suspeita Damásio,[328] precedeu aos outros na evolução.

---

[327] DAMÁSIO, António R. Op. cit., p. 178-179.
[328] Idem, p. 180-181.

Chama-se "sentimento de fundo" porque não se originam em estados emocionais. Não é nem grande emoção nem emoção intelectualizada, mas sim um minimalista, o que fornece o sentimento da própria vida, a sensação de existir. Mais restrito que os sentimentos de emoção universais básicos e os sentimentos de emoção sutil, os sentimentos de fundo

> [...] não são nem demasiado positivos nem demasiado negativos ainda que se possam revelar agradáveis ou desagradáveis. Muito provavelmente, são esses sentimentos, e não os emocionais, que ocorrem com mais frequência ao longo da vida.[329]

De forma muito tênue, damo-nos conta de um sentimento de fundo, mas se está continuamente consciente dele a ponto de poder-se dizer, de imediato, qual é a sua qualidade.

Um sentimento de fundo não é o que se sente ao extravasar uma alegria irrefreável ou uma tristeza desoladora, e sim aquele que se sente *entre* emoções. É uma sensação contínua, embora dela não se aperceba por não representar uma parte específica de algo no corpo, mas antes um estado geral de quase tudo que se encontra nele.

É o que transparece numa sensação de bem ou mal-estar, injustificado. Nada aconteceu para o surgimento daquela sensação. Nenhuma euforia estonteante e nenhuma tristeza fundada. É o que constitui o sentimento mais usual de uma vida. O comum é que o sentimento de fundo impere no cotidiano, nas lides e afazeres de rotina. Tanto que ao perguntarem, por conveniência social ou por real interesse, "como se sente", rapidamente se identifica o "estou bem" ou "estou mal".

Damásio[330] refere que

> [...] as representações dos estados do corpo atuais ocorrem em múltiplos córtices somatossensoriais nas regiões insular e parietal e também no sistema límbico, hipotálamo e tronco cerebral. Essas regiões, tanto no hemisfério esquerdo como no direito, são coordenadas por conexões de neurônios, predominando o hemisfério direito sobre o esquerdo.

Resumindo, o sentimento de fundo é a "imagem da paisagem do corpo quando essa não se encontra agitada pela emoção".[331]

Há muito o que descobrir a respeito das especificações exatas das conexões desse sistema, um dos menos estudados do cérebro

---

[329] DAMÁSIO, António R. Op. cit., p. 180-181.
[330] Idem, p. 181-182.
[331] Idem, p. 172.

dos primatas, mas se sabe que a representação complexa dos estados do corpo à medida que vão ocorrendo está distribuída por uma série de estruturas, tanto em zonas sub-corticais como corticais.

Conclui-se, então, que a emoção é a combinação de um processo avaliatório mental, com respostas dispositivas a esse processo avaliativo, em sua maioria dirigidas ao corpo e resultando num estado emocional deste, mas também dirigidas ao cérebro, mais propriamente aos núcleos neurotransmissores no tronco cerebral, resultando em alterações mentais adicionais.

Emoção e sentimento, para Damásio,[332] não exprimem uma mesma ideia nem são sinônimos.

> Uma das razões é que, apesar de alguns sentimentos estarem relacionados com as emoções, existem muitos que não estão; todas as emoções originam num sentimento, se estiver desperto e atento, mas nem todos os sentimentos provêm da emoção.

Ressalta, todavia, que as definições de *emoções* e *sentimentos* que apresenta não são ortodoxas. Outros autores usam essas mesmas palavras indistintamente. O termo *sentimento* pode nem mesmo ser usado, ou o termo *emoção* ser dividido em componentes expressivo e experenciado.

O estado emocional alcança o cérebro por meio do sistema neural e de elementos químicos paralelos. Os hormônios e os peptídeos, ainda segundo Damásio,[333] liberados no corpo durante a emoção alcançam o cérebro através da corrente sanguínea e nela penetram pela barreira "sangue-cérebro", ou pelas regiões cerebrais destituídas dessa barreira.

Muitas são as variedades de sentimentos. Não basta, entretanto, descobrir as substâncias químicas que intervêm nas emoções e nos humores para explicar o que se sente. Certas substâncias químicas podem alterá-los, como o álcool, os entorpecentes e uma série de fármacos lícitos. O próprio corpo produz substâncias químicas que podem ter um efeito semelhante, como as endorfinas, a dopamina, a epinefrina e a serotonina.

Mas saber a química artificial ou a produzida pelo organismo não é o mesmo que se saber por qual mecanismo se alcança esse resultado.

A neurobiologia do sentimento requer o conhecimento da neurobiologia de tudo, afirma Damásio.[334]

---

[332] DAMÁSIO, António R. Op. cit., p. 172.
[333] Idem, p. 174.
[334] Idem, p. 192.

A emoção para o bem, para o belo e para o justo é a vibração divina que talvez exista em nós; mas a emoção para o crime é eclosão de instintos animalescos, assomo de ferocidade idêntica à que ronca e estruge no recesso da selva, nos dizeres de Hungria.[335] A própria mímica fisionômica da emoção estênica lembra o arreganho da face dos felinos ávidos de carnagem. Seria uma afronta à Civilização que se deixassem impunes os criminosos que deparam na emoção apenas um ensejo de saciedade à sua volúpia de sangue.

Com tanta ou menor intensidade, é sempre reconhecível o espetáculo da ira violenta, que frequentemente encontra nos crimes de sangue a sua válvula de escape, e sobre cuja realidade palpitante deve versar, para a certeza moral do juiz, a prova dos autos.

Ao se lidar com a emoção, a paixão e o cérebro humano, não se pode perder de vista que há um mundo imenso, complexo e vasto dentro de cada indivíduo, do ponto de vista da compreensão dos conceitos e dos sistemas estudados. Na feliz expressão de Damásio,[336]

> [...] o que se passa na alma e no espírito, em toda a sua dignidade e expressão humana, são os estados complexos e únicos de um organismo. Talvez a coisa mais importante que possamos fazer no nosso dia-a-dia, enquanto seres humanos, seja recordar a nós próprios e aos outros a complexidade, a fragilidade, finitude e singularidade que nos caracterizam.

A vida de cada indivíduo é um ponto de interrogação no universo. Ele é um ser insubstituível na amplitude de sua individualidade. Essa individualidade, por si mesma, é que faz a beleza da vida e constitui o desafio permanente da criminologia, da psicanálise, da neurociência e do direito.

Enquanto houver perguntas sem respostas, deve-se continuar a pesquisar e a escrever. Desvendar o desconhecido, aprimorar o conhecimento, desfazer-se de injustificadas verdades levará, inevitavelmente, ao descobrimento do novo. É fundamental não perder a perspectiva de que, parodiando Fernando Pessoa, *navegar é preciso; ousar não é preciso*.[337]

Na perfeita afirmação de Clarice Lispector,[338] "Renda-se, como eu me rendi. Mergulhe no que você não conhece como eu mergulhei. Não se preocupe em entender, viver ultrapassa qualquer entendimento".

---

[335] HUNGRIA, Nelson H. Op. cit., p. 384.
[336] DAMÁSIO, António R. Op. cit., p. 282-283.
[337] Literalmente: *"Navegar é preciso; viver não é preciso"*. PESSOA, Fernando. *Poesias*. Porto Alegre: L&PM, 2000, p. 7.
[338] LISPECTOR, Clarice. *Clarice na Cabeceira – Crônicas*. Rio de Janeiro: Rocco, 2010.

Bibliografia

AGOSTINHO, Santo. *Solilóquios e a Vida Feliz*. Tradução de Nair de Assis Oliveira. São Paulo: Paulus, 1998.
ALVES, Roque de Brito. *Ciúme e Crime*. Recife: Editora Fasa/Unicamp, 1984.
ASÚA, Luis Jiménes de. *Tratado de Derecho Penal*. Buenos Aires: Losada, 1950.
AUGUSTO, Cristiane Brandão. *Cérebro Criminógeno*. Rio de Janeiro: Marca Gráfica Editora, 2010.
BACIGALUPO, Enrique. *A Personalidade e a Culpabilidade na Medida da Pena*. Rio de Janeiro: Revista de Direito Penal, 1974.
BADINTER, Elizabeth. *Um Amor Conquistado – o Mito do Amor Materno*. Rio de Janeiro: Nova Fronteira, 1995.
BEAUVOIR, Simone. *O Segundo Sexo – Fatos e Mitos*. 5. ed. Rio de Janeiro: Nova Fronteira, 1980.
BERGERET, Jean. *Personalidade Normal e Patológica*. Porto Alegre: Artes Médicas, 1988.
BETTIOL, Giuseppe. *Direito Penal*. Volume II. São Paulo: Editora Revista dos Tribunais, 1971.
——. *O Problema Penal*. Coimbra: Coimbra Editora, 1967.
BITENCOURT, Cezar Roberto. *Tratado de Direito Penal – Parte Geral*. 8. ed. São Paulo: Saraiva, 2003.
BOSCHI, José Antonio Paganella. *Das Penas e seus Critérios de Aplicação*. 6. ed. Porto Alegre: Livraria do Advogado Editora, 2013.
BOUSSUET, Jacques Bénigne. *De la Connaissance di Dieu et de Soi-même*. França: Librairie Achette et Cie., 1879.
BRASIL. Supremo Tribunal Federal. Habeas Corpus nº 70871, Segunda Turma, Relator: Ministro Paulo Brossard. Brasília, 11 de outubro de 1994. Disponível em: <http://www.stf.jus.br/portal/inteiroTeor/obterInteiroTeor.asp?numero=70871&classe=HC>. Acesso em: 02 jun. 2017.
——. Supremo Tribunal Federal. Habeas Corpus nº 93824, Segunda Turma, Relator: Ministro Eros Grau, Brasília, 13 de maio de 2008. Disponível em: <http://www.stf.jus.br/portal/inteiroTeor/obterInteiroTeor.asp?id=541605>. Acesso em 02 jun. 2017.
——. Supremo Tribunal Federal. Habeas Corpus nº 101049, Segunda Turma, Relatora: Ministra Ellen Gracie, Brasília. Brasília, 04 de maio de 2010. Disponível em: <http://www.stf.jus.br/portal/inteiroTeor/obterInteiroTeor.asp?id=611550>. Acesso em: 02 jun. 2017.
BRUNO, Aníbal. *Comentários ao Código Penal*, volume II. Rio de Janeiro: Forense, 1969.
——. *Das Penas*. Rio de Janeiro: Editora Rio – Sociedade Cultural, 1976.
——. *Direito Penal – Parte Geral*. Tomo 2. Rio de Janeiro: Forense, 1967.
CARDOSO, Sílvia Helena. *Comunicação entre as Células Nervosas*. São Paulo: Unicamp, 1997.
CLARKE, Edwin; JACYNA, L.S. *Nineteenth Century Origins of Neuroscientific Concepts*. Berkley, Los Angeles, London: University of California Press, 1987.

CARRARA, Francesco. *Programma Del Corso di Diritto Criminale*. Firenze: Casa Editrice Libreria "Frateli Commeli", 1912.

CECCARELLI, Paulo Roberto. *A Psicanálise na Cena do Crime*. Rio de Janeiro: Tempo Psicanalítico, 2013.

CERNICCHIARO, Luiz Vicente. *Código Penal – Concurso de Pessoas. Crime Continuado. Pena. Aplicação e Execução*. São Paulo: Editora Revista dos Tribunais, 1994.

CRITIS, Maria. *Aspectos Neuropsicológicos do Córtex Pré-Frontal*. São Paulo: Instituto de Psicologia Aplicada e Formação Especializada em Neuropsicologia Clínica, 2010.

DAMÁSIO, António R. *O Erro de Descartes – Emoção, Razão e o Cérebro Humano*. Trad. Dora Vicente e Georgina Segurado. 2. ed. São Paulo: Companhia das Letras, 2007.

DELLAPIANE, Antonio. *Nova Teoria da Prova*. 2. ed. Rio de Janeiro: José Konfino, 1958.

DELMAU, C. *Criminal Behauvoir as a Patologic Ego Defense*. Washington: Archives of Criminal Psychodynamics, 1950.

DIAS, J. F.; ANDRADE, M. C. *Criminologia: O Homem Delinquente e a Sociedade Criminógena*. Lisboa: Coimbra Editora, 1997.

DOTTI, René Ariel. *O Incesto*. Curitiba: Distribuidora Ghignone, 1976.

DUNLAP, Knight. *The Scientific Monthly*. New York, 1922.

DURHAN, Eunice. *Família e Reprodução Humana – Perspectivas Antropológicas da Mulher*. Rio de Janeiro: Zahar, 1983.

ELUF, Luíza Nagib. *A Paixão no Banco dos Réus*. São Paulo: Saraiva, 2003.

ENGELS, Friedrich. *A Origem da Família, da Propriedade Privada e do Estado*. Rio de Janeiro: Calvino, 1944.

FERRAJOLI, Luigi. *Derecho Y Razón. Teoria Del Garantismo Penal*. Viladolid: Editorial Trotta, 1997.

FRANÇA, S.J. Leonel. *Liberdade e Determinismo – A Orientação da Vida Humana*. Rio de Janeiro: Agir, 1954.

FRANK, Reinhart. *Sobre la Estrutura Del Concepto de Culpabilidad*. Buenos Aires: Julio César Faira Editor, 2002.

FREUD, Sigmund. A instrução Judicial e a Psicanálise. In:——. *Obras Completas de Sigmund Freud (1906-1909)*. São Paulo: Companhia das Letras, 2016.

——. O Interesse Científico da Psicanálise. In:——. *Obras Completas de Sigmund Freud (1912-1914)*. São Paulo: Companhia das Letras, 2016.

——. Totem e Tabu. In:——. *Obras Completas de Sigmund Freud (1912-1914)*. São Paulo: Companhia das Letras, 2016.

——. Os Criminosos por Sentimento de Culpa. In:——. *Obras Completas de Sigmund Freud (1914-1916)*. São Paulo: Companhia das Letras, 2016.

——. O Eu e o Id. In:——. *Obras Completas de Sigmund Freud (1923-1925)*. São Paulo: Companhia das Letras, 2011.

——. Publicações Pré-Psicanalíticas e Esboços Inéditos. *Standard Brasileira das Obras Psicológicas Completas de Sigmund Freud*. Rio de Janeiro: Imago, 1987.

——. Alguns Tipos de Caráter Encontrados no Trabalho Psicanalítico. In:——. *Obras Psicológicas Completas de Sigmund Freud*. São Paulo: Companhia das Letras, 2012.

——. Dostoievski e o Parricídio. In:——. *Obras Completas de Sigmund Freud (1926-1929)*. São Paulo: Companhia das Letras, 2016.

FUSTER, J. *Prefontal Neurons in Networks of Executive Memory*. Brain Research Bulletin, 2001.

GOLDBERG, Elkhonon. *O Cérebro Executivo: Lobos Frontais e a Mente Civilizada*. São Paulo: Imago, 2002.

GOMES, Roberto. *Violência e Crime em Carta ao Meu Juiz – o Vértice da Psicanálise*. Porto Alegre; Revista de Psicanálise. 2001.

GORGA, Maria Luiza; MARCHIONI, Guilherme Lobo. *Liberdade da Vontade. Neurociência e Culpabilidade*. São Paulo: Revista Brasileira de Ciências Criminais, 2015.

GUILLEBAULD, Jean-Claude. *A Tirania do Prazer*. Rio de Janeiro: Bertrand Brasil, 1999.

HAGNER, Michel. *Science in Context.* New York, 2003.

HEILBORN, Maria Luíza. *Gênero e Condição Feminina: Uma Abordagem Antropológica.* São Paulo: Imprensa Oficial do Estado de São Paulo, 1996.

HEIMANN, Paula. Notes on the Theory of the Life and death Instincts. London: Hogarth, 1953.

HUNGRIA, Nelson H. *Comentários ao Código Penal*, vol. I, tomo II. Rio de Janeiro: Forense: 1978.

——. Comentários ao Código Penal: Decreto-Lei nº 2.848, de 7 de dezembro de 1940, vol. V, 5. ed. Rio de Janeiro: Forense, 1979.

HYATT, Willians. *A Psychoanalytical Approach to the Treatment of the Murderers.* London: The International Journal of Psyco-Analysis, 1960.

IBAÑEZ, Antonio Compoy. *O Amor e a Patologia.* Rio de janeiro: Calvino Filho Editor, 1934.

JESCHECK, Hans-Heinrich. *Tratado de Derecho Penal.* Barcelona: Editora Bosch, 1981.

JESUS, Damásio Evangelista de. *Direito Penal: Parte Geral.* 14. ed. São Paulo: Saraiva, 1990.

KAPLAN, Harold L; SADOCK, Benjamin J; GREBB. Jack A. *Compêndio de Psiquiatria.* Porto Alegre: Artes Médicas, 1977.

KAUFMANN, Hilde. *Princípios para la Reforma de la Ejecución Penal.* Buenos Aires: Depalma, 1977.

KLAUS, Günther. *Responsável pelos próprios atos?* O direito penal e o conceito de culpabilidade – uma velha discussão com novos impulsos. Forschung, Frakfurt, 2005.

KLEIN, Melanie. On Criminality. In: ——. *Contributions to Psychoanalysis.* 2. ed. London: Hogarth, 1950.

——; RIVIÈRE, Joan. *Amor, Ódio e Reparação.* São Paulo: Imago Editora Ltda., 1975.

KRUGEN, Jürgen. *Neurociência e livre-arbítrio*: sobre a vinculação entre a consciência e seus fundamentos neurológicos. Politische Meinung, nº 420, 2004.

LACAN, Jacques. Do "Trieb" de Freud. In:——. *Escritos (1901-1981).* Rio de Janeiro: Zahar, 1998.

——. Introdução Teórica às Funções da Psicanálise em Criminologia. In: ——. *Escritos (1901-1981).* Rio de Janeiro: Zahar, 1998.

——. Os Complexos Familiares da Formação do Indivíduo. In: ——. *Outros Escritos (1901-1981).* Rio de Janeiro: Zahar, 2003.

——. Premissas a Todo o Desenvolvimento Possível da Criminologia. In: ——. *Escritos (1901-1981).* Rio de Janeiro: Zahar, 1998.

LAPLANCHE, J; PONTALIS, J.B. *Vocabulário de Psicanálise.* Lisboa: Editorial Presença, 1990.

LISPECTOR, Clarice. *Clarice na Cabeceira – Crônicas.* Rio de Janeiro: Rocco, 2010.

LIZST, Franz Von. *Tratado de Derecho Penal.* Vol. 2. Madrid: Ed. Réus, 1927.

LOMBROSO, Cesare. *O Homem Criminoso.* Rio de Janeiro: Editora Rio – Sociedade Cultural Ltda., 1983.

MARQUES, Mateus. *Algumas Inquietações sobre as contribuições da Neurociência em Relação aos Fins do Direito Penal.* Porto Alegre: Síntese, abr./maio, 2000.

MASSUD, Leonardo. *Da Pena e sua Fixação.* São Paulo: DPJ Editora, 2009.

MAURACH, Reinhart. *Derecho Penal.* Vol. 1. Tradução de Jorge Bofill Genzch e Enrique Aimone Gibson. Buenos Aires: Editora Ástria, 1994.

MENEGHINI, Luiz Carlos. *A Atuação Homicida contra ansiedades Psicóticas.* Porto Alegre: Revista de Psicanálise, 2001.

MIRANDA, Maria Teresa Machini. *A Química dos Peptídeos.* Disponível em: <http://www.crq4.org.br>. Acesso em 02 jun. 2017.

MYRA Y LOPES, Emilio. *Manual de Psicologia Jurídica.* São Paulo: Mestre Jou, 1967.

NICOLELIS, Miguel. *Muito Além de Nosso Eu.* São Paulo: Companhia das Letras, 2011.

NIETZSCHE, Friedrich. Humano, demasiado Humano. In: ——. *Obras Incompletas.* São Paulo: Abril Cultural, 1974.

———. Para Além do Bem e do Mal. In: ———. *Coleção Grandes Obras do Pensamento Universal*, 31, 3. ed. São Paulo: Editora Escala, 2011.

ORTEGA Y GASSET, José. *A Razão Vital e Histórica*. Porto Alegre: Livraria do Globo S.A., 1968.

PACELLI, Eugênio, CALLEGARI, André. *Manual de Direito Penal – Parte Geral*. São Paulo: Atlas, 2015.

PAIVA, Maria Luiza de Souza Campos. *Recalque e Repressão: Uma Discussão Ilustrada por um Filme*. São Paulo: Estudos Interdisciplinares de Psicologia, 2011.

PEREIRA, Rodrigo da Cunha. *Direito de Família – Uma Abordagem Psicanalítica*. Belo Horizonte: Del Rey, 1997.

PESSOA, Fernando. *Poesias*. Porto Alegre: L&PM, 2000.

PIAZZETA, Naele Ochoa. *O Princípio da Igualdade no Direito Penal Brasileiro – Uma Abordagem de Gênero*. Porto Alegre: Livraria do Advogado Editora, 2001.

RABINOWICS, Léon. *O Crime Passional*. São Paulo: Saraiva, 1933.

RAINE, Adrian. *A Anatomia da Violência – As Raízes Biológicas da Criminalidade*. Porto Alegre: Artes Médicas, 2015.

RIBOT, Theodore-Armand. *Essai sur les Passions*. Paris: Bibliothéque de Philosophie Contemporaire. Félix Alcon Editor, 1923.

ROSA, Alexandre Morais da; KHALED JR, Salah H. *A culpabilidade jurídico-penal diante do "novo sujeito" da neurociência*. São Paulo: Carta Capital, 2017.

ROUDINESCO, Elizabeth; PLON, Michel. *Dicionário de Psicanálise*. Rio de Janeiro: Zahar, 1998.

ROUSSEAU, G.S. Para uma semiótica do nervo: a história social da linguagem em novo tom. In: BURKE, Peter; PORTER, Roy (Orgs.). *Linguagem, Indivíduo e Sociedade. A História Social da Linguagem*. São Paulo: Unesp, 1993.

SCHARFETTER, C. *Introdução à Psicopatologia Geral*. Lisboa: Climpesi, 1996.

SCHLACHTER, Lina; BEIVIDAS, Waldir. *Estudos em Teoria Psicanalítica*. Rio de Janeiro: Ágora, 2010.

SERUCA, Tânia Catarina Mira. *Mimio de Pré-Doutorado pelo ISPA – Instituto de Ciências Psicológicas, Sociais e da Vida*, 2013.

TOLEDO, Francisco de Assis. *Princípios Básicos do Direito Penal*. 5. ed. São Paulo: Saraiva, 2010.

VELO, Joe Tennyson. *Criminologia Analítica*. São Paulo: Revista Brasileira de Ciências Criminais. São Paulo: Instituto Brasileiro de Ciências Criminais, IBCCRIM, 1998.

VERGARA, Pedro. *Dos Motivos Determinantes no Direito Penal*. Rio de Janeiro: Forense, 1980.

VERUCCI, Florisa. *O Direito da Mulher em Mutação – Os Desafios da Igualdade*. Belo Horizonte: Del Rey, 1999.

WEISS, Brian. *A Divina Sabedoria dos Mestres*. Rio de Janeiro: Sextante, 1999.

WELZEL, Hans. *El Nuovo Sistema Del Derecho Penal*. Espanha: Editora Ariel, 1964.

WILLASCHEK, Markus. *Neurociência e livre-arbítrio*: sobre a vinculação entre a consciência e seus fundamentos neurológicos. Fortchung Frankfurt, 2005.

ZAFFARONI, Eugenio Raúl; PIERANGELI, José Henrique. *Manual de Direito Penal Brasileiro – Parte Geral*. 2. ed. São Paulo: RT, 1999.

Impressão:
Evangraf
Rua Waldomiro Schapke, 77 - POA/RS
Fone: (51) 3336.2466 - (51) 3336.0422
E-mail: evangraf.adm@terra.com.br